"互联网+教育"新形态立体化精品教材

双创人才成长导学

主 编	罗立军	王 卓	
参 编	桑星连	曹 劲	瞿 锋
	郑雅媗	江 君	马晓蓉
	肖明国	叶艳娜	陈艳玲
	彭 雯	范 烨	叶作龙
	谭剑音	刘英伟	付晓波

北京理工大学出版社
BEIJING INSTITUTE OF TECHNOLOGY PRESS

版权专有　侵权必究

图书在版编目（CIP）数据

双创人才成长导学 / 罗立军，王卓主编 . -- 北京：北京理工大学出版社，2023.2
ISBN 978-7-5763-1916-3

Ⅰ.①双… Ⅱ.①罗… ②王… Ⅲ.①大学生—创业—高等学校—教材②大学生—职业选择—高等学校—教材 Ⅳ.① G647.38

中国版本图书馆 CIP 数据核字 (2022) 第 240304 号

出版发行 /	北京理工大学出版社有限责任公司
社　　址 /	北京市海淀区中关村南大街 5 号
邮　　编 /	100081
电　　话 /	（010）68914775（总编室）
	（010）82562903（教材售后服务热线）
	（010）68944723（其他图书服务热线）
网　　址 /	http：//www.bitpress.com.cn
经　　销 /	全国各地新华书店
印　　刷 /	三河市天利华印刷装订有限公司
开　　本 /	787 毫米 × 1092 毫米　1/16
印　　张 /	14.5
字　　数 /	292 千字
版　　次 /	2023 年 2 月第 1 版　2023 年 2 月第 1 次印刷
定　　价 /	39.80 元

责任编辑 / 徐艳君
文案编辑 / 徐艳君
责任校对 / 周瑞红
责任印制 / 施胜娟

图书出现印装质量问题，请拨打售后服务热线，本社负责调换

前言

近日，中国共产党第二十次全国代表大会成功举行，大会通过的报告，是中国共产党团结带领全国各族人民夺取新时代中国特色社会主义新胜利的政治宣言和行动纲领，是一篇马克思主义的纲领性文献。编委会以党代会的最新精神为指引，尝试编订一本中国式创新创业通识课教材。具体来说，该教材要全面贯彻习近平新时代中国特色社会主义思想，以课程思政为原则，全面体现大思政之"大"的核心精神。

"大"精神是一种新思政理念。2022年7月25日，教育部会同中共中央宣传部、中共中央网络安全和信息化委员会办公室等多个部门印发了《全面推进"大思政课"建设的工作方案》，国家社科司负责人在解读文件精神时说，从思政课到"大思政课"，表面上只有一字之差，实质上是办好思政课的理念再更新、视野再开阔和格局再拓展。"大思政课"之大，首先体现为"道"大，思政的本质是一种政治信仰，要坚持对马克思主义的坚定信仰、对中国特色的社会主义的坚定信念，坚定道路自信、理论自信、制度自信、文化自信，打通小课堂与社会大舞台，弘扬爱国与创新精神。其次表现为"魂"大，要深刻理解马克思主义中国化时代化的要求，坚持"两个结合"，把握习近平新时代中国特色社会主义思想的世界观和方法论，坚持好、运用好贯穿其中的立场观点方法，破解课程思政"硬融入""表面化"等现象。最后落实到"体"大，要建强思政课程群，形成必修课和选修课的课程体系；要统筹学校思政课、课程思政和日常思政教育活动，推进全员、全方位、全过程育人；要加强学校教育、家庭教育以及社会教育的互相配合，构建三位一体的立体教育网络。

在此背景下，编写一本中国式创新创业通识课教材就绝不仅仅是创业学的事，它需要对"大思政课"之"大"有深入的体会，按照课程思政的指引来编写，做到习近平总书记所强调的，其他各门课都要守好一段渠、种好责任田，使各类课程与思想政治理论课同向同行，形成协同效应。基于此，教材在结构上紧紧围绕学生的"大"成长，结合广州食品药品职业学院大健康行业的特点，细分为美好生活篇、创业精神篇以及能力修炼篇。

本教材从搭建高水平创新创业人才培养体系的目标出发，把促进学生个体完善、健康成长作为本课程教学工作的出发点和落脚点，把培养社会主义建设者和接班人所需要的明确和隐含的能力和特性总要求作为本课程教育教学改革发展的核心任务,用思想政治工作体系贯通教学体系、教材体系,提升、激发学生个体的本质力量。通过教学过程,使学生正确理解创新创业与就业、职业发展、个人生涯的关系,理解新时代对双创人才的要求,树立科学的"三创观",主动适应国家经济社会发展和人的全面发展需求,自觉遵循创新创业规律,积极为将来投身创业实践做准备。在具体的教材编写上,本教材还具有如下特点:

1. 定位上体现"大健康"产业特色

本教材在案例选取、练习题设计上,侧重于面向"大健康"产业创新创业人才培养,是一本面向"大健康"产业,与企业生产实际、岗位需求相匹配的新形态教材。

2. 编排上把握大思政与创业教育的有效融合

本教材"以项目为思政引领,以任务为学习驱动",通过教材的改革带动教学方式的改变。11个项目用"插旗子—定调子—摸底子—找路子—钉钉子—亮点子—搭台子—称银子—列单子—判卷子—育苗子"的主线一步步推动双创人才的形成和成长。

3. 实施上聚焦多元开放交互式教学过程

教育的根本价值就在于开发学生的个性潜能,即通过有效方式引导学生发掘个体所具有的不同天赋。因此,双创教育绝对不是按照某个模式进行统一灌输,使学生成为刻板化的"机器人",而是要培养学生成为自觉的、能动的、具有主体性的人,从而体现出真正的个体价值。

落脚到双创课堂,就是要整合尽可能多的资源,为每个学生个体发现自我潜能提供条件。因此,本教材立足双创导学,教学方法上以教练技术为工具,通过"行动工具"让学生了解自己的能力特质,并通过行动训练具体地促进和提升。引入辩论赛、性格测评、团建、项目路演等活动课,与理论课穿插进行,真正实现越来越少地传授知识,越来越多地激励思考、点化智慧。

4. 效果上注重工作任务清单的成果导向

本教材既有基于心智模式的"认知论",又有基于行为模式的"方法论"。"方法论"是为了帮助大学生在这个阶段更好地了解经济市场和消费环境,将所学的专业知识与创业教育内容进行交叉融合,相互渗透。帮助双创人员用系统的工具对自身和即将投入的项目进行全面有效的解读,围绕创业点子、产品开发、团队建设、项目执行,学习和借鉴前辈的经验教训,避免走不必要的弯路,从而更快地实现人生理想。

本教材为准备上路的创业新人而编写,使用人群为大学生,定位为创业类通用型教材,理论课时18~36节。在结构编排上,按照"大思政课"政治、文化、实践金三角来展开，具体分为美好生活篇、创业精神篇、能力修炼篇，每篇篇首配有名人名言与经典案例，这是对各部分的核心思想进行诠释。内容精练、具体，可操作，不泛化，也不会过于专业。作为一套新形态教材，已经配套了较为完善的PPT课件和相关活页素材、补充阅读材料、网络视频资料，且均在学习平台上线。

本教材由罗立军、王卓担任主编。编者及单位情况如下，排名不分先后：

广东食品药品职业学院：罗立军、王卓、江君、谭剑音、范烨、曹劲、郑雅媗；

广州科技职业技术大学：叶作龙；

上海百特教育咨询中心：桑星连；

广州市财经商贸职业学校：瞿锋；

广州悠然卓见咨询顾问有限公司：马晓蓉；

广州市百海职业培训学校：肖明国；

东莞职业技术学院：叶艳娜、陈艳玲、彭雯；

牡丹江市卫生学校：刘英伟、付晓波。

本教材编写分工为：桑星连编写任务1，曹劲编写任务2，瞿锋编写任务3，郑雅媗编写任务4，江君编写任务5，马晓蓉编写任务6，肖明国编写任务7，王卓编写任务8，叶艳娜、陈艳玲、彭雯编写任务9，范烨编写任务10，叶作龙编写任务11，谭剑音编写任务12，刘英伟编写任务13，付晓波编写任务14。罗立军、王卓负责全书策划和统稿。

本教材的出版，首先要感谢领导的信任和不断鼓励，让我们能将粗浅的教学思考编撰成册，形成更广范围的交流学习；其次要感谢编写团队的每一位成员，时间紧任务重，大家坚守岗位工作的同时，付出了大量个人休息时间，不辱使命，目标达成；最后要感谢出版社的编辑，配合协调一丝不苟，审校工作认真负责，确保本教材的顺利出版。在此向所有参与和支持本教材出版的同事、友人、家人表示衷心的感谢！

由于编者知识水平有限，加之时代发展变化很快，虽在编写过程中竭尽全力，多次审改，慎之又慎，但仍难免有疏漏和不妥之处，恳请同行、专家与读者批评指正。

编 者

目 录

上　美好生活篇
人民对美好生活的向往，就是我们的奋斗目标。——习近平

项目一　插旗子　　003
　　任务1　读懂创新创业的时代命题　　004

中　创业精神篇
"大学之道，在明明德，在亲民，在止于至善。"——《大学》

项目二　定调子　　022
　　任务2　看清读大学的财富意义　　023
　　任务3　体会工作中的创新创业　　041
　　任务4　毕业去哪里 我的青春我的城（辩论赛）　　060

下　能力修炼篇
"知者行之始，行者知之成。"——《传习录》

项目三　摸底子　　073
　　任务5　找到你的天赋和潜能（性格测评）　　074

项目四　找路子　　086
　　任务6　制定你的蓝海战略　　087

项目五　钉钉子　　　　　　　　　　　　　　108
　　任务7　绘成你的创业版人生地图　　　　109

项目六　亮点子　　　　　　　　　　　　　　124
　　任务8　破解你的企业价值密码　　　　　　125

项目七　搭台子　　　　　　　　　　　　　　152
　　任务9　积累你的团队资产（团建活动）　　153
　　任务10　选择你企业的法律形态　　　　　 166

项目八　称银子　　　　　　　　　　　　　　195
　　任务11　制订你的利润计划　　　　　　　 196

参考文献　　　　　　　　　　　　　　　　　222

上

美好生活篇

人民对美好生活的向往，就是我们的奋斗目标。

——习近平

习近平总书记给第三届中国"互联网+"大学生创新创业大赛"青年红色筑梦之旅"的大学生的回信

第三届中国"互联网+"大学生创新创业大赛"青年红色筑梦之旅"的同学们：

来信收悉。得知全国150万大学生参加本届大赛，其中上百支大学生创新创业团队参加了走进延安、服务革命老区的"青年红色筑梦之旅"活动，帮助老区人民脱贫致富奔小康，既取得了积极成效，又受到了思想洗礼，我感到十分高兴。

延安是革命圣地，你们奔赴延安，追寻革命前辈伟大而艰辛的历史足迹，学习延安精神，坚定理想信念，锤炼意志品质，把激昂的青春梦融入伟大的中国梦，体现了当代中国青年奋发有为的精神风貌。

实现全面建成小康社会奋斗目标，实现社会主义现代化，实现中华民族伟大复兴，需要一批又一批德才兼备的有为人才为之奋斗。艰难困苦，玉汝于成。今天，我们比历史上任何时期都更接近实现中华民族伟大复兴的光辉目标。祖国的青年一代有理想、有追求、有担当，实现中华民族伟大复兴就有源源不断的青春力量。希望你们扎根中国大地了解国情民情，在创新创业中增长智慧才干，在艰苦奋斗中锤炼意志品质，在亿万人民为实现中国梦而进行的伟大奋斗中实现人生价值，用青春书写无愧于时代、无愧于历史的华彩篇章。

习近平

2017年8月15日

项目一　插旗子

【项目导读】

《2021中国大学生创业报告》数据显示，96.1%的大学生有创业想法，但是真正付诸实施及准备的只有14%。

亲爱的同学，你是不是有这样的困惑：我并不打算马上创业，为什么要上这个课？

在"大众创业、万众创新"的时代，创新创业是大学生涯规划的必修课，但它并非以学完后立刻去创业为教育目的。创新创业是推动社会进步的理想，是让生活更美好的态度，是从平凡走向伟大的人生征途，是实现自我价值的方式，是求真务实勇于担当的品质，是坚持不懈蓬勃向上的精神。

一个有意愿、有能力、有行动支持青年创立自己的事业，引导青年将个人成就与社会发展相结合的国家，是一个有智慧、有生命力、有影响力的国家。

今日资讯

任务 1
读懂创新创业的时代命题

● 【任务关键词】

财富

● 【行动工具包】

（1）自上而下"创造财富的思维模型"；
（2）语言能量魔法棒；
（3）认知百宝箱。

● 【任务成果箱】

（1）建立自上而下式管理认知和行为的未来视角；
（2）形成宏观与微观分析问题的思维方式和行为习惯。

● 【知识目标】

（1）理解"财富思维"的内涵与外延；
（2）理解"财富"的内涵与外延；
（3）理解"认知"的内涵与外延。

● 【能力目标】

（1）通过行动工具"创造财富的思维模型"，掌握从思维和行为管理财富的能力；
（2）能够运用行动工具"语言能量魔法棒"，形成正能量的语言和行为方式；
（3）能够运用行动工具"认知百宝箱"，找到提高认知的途径，与时代同步，与祖国同行。

【素质目标】

（1）通过对企业主拥有巨额资产的现象分析，理解财富是解决问题、创造价值的思维和能力，不把急功近利、追逐金钱放在第一位，而是重视自我品格的修炼；

（2）具备正能量解读国家宏观政策的能力，做到与时代同步、与祖国同行，坚持终身学习。

步骤一、双创课是讲什么的

——明确课程学习总目标。
——理解财富思维是什么，财富和创业的关系。

> **课堂互动**
>
> 教师就本课程的教学设置、教学安排、考核方式等内容以及授课教师个人基本情况进行概要说明。

 学习计划

一、创新创业教育的时代背景

中国大学生创业的历史，可以追溯到改革开放之初，而广泛的大学生创业则是在 1998 年清华大学举办的首届大学生创业设计大赛之后迅速发展起来的。他们的加入为创业大军注入了一股新的活力。

近年来，国家相继出台了一批鼓励各类院校学生创业的优惠政策，各地政府部门也都推出了针对在校学生的创业扶持政策。国内很多大中专院校也纷纷创建创业园、创业基地，鼓励大学生自主创业，为创业团队提供各种服务。

当下，大学生作为最具创新、创业潜力的群体之一，相比过去面临更多的市场机会。大学生创业不仅可以摆脱固定工作的束缚，更是发挥个人价值、达到理想彼岸的金光大道。

2017 年 8 月 15 日，习近平总书记给第三届中国"互联网+"大学生创新创业大赛"青年红色筑梦之旅"的大学生回信，勉励他们扎根中国大地了解国情民情，用青春书写无愧于时代、无愧于历史的华彩篇章。

2021 年 9 月，国务院办公厅印发的《关于进一步支持大学生创新创业的指导意见》指出：以习近平新时代中国特色社会主义思想为指导，深入贯彻落实党的十九大和十九届二中、三中、四中、五中全会精神，全面贯彻党的教育方针，落实立德树人根本任务，立足新发展阶段、贯彻新发展理念、构建新发展格局，坚持创新引领创业、创业带动就业，支持在校大学生提升创新创业能力，支持高校毕业生创业就业，提升人力资源素质，促进大学生全面发展，实现大学生更加充分更高质量就业。

心得记录

> **课堂互动**
>
> 投票:你有创业计划吗?( )
> A. 不敢想　　　　　　　　B. 不在计划内
> C. 想试试但没信心　　　　D. 一定会付诸行动
>
> 请填写你此刻的想法。过段时间回来看看你的想法会不会有变化。同时,也请在网络学习平台或纸质问卷上填写你的选项,方便授课教师做数据统计和跟踪。

二、"财富"和创新创业的关系

首先,我们来看一组数据:2021年2月8日,胡润研究院发布《2020方太·胡润财富报告》(见图1-1),揭示了目前中国拥有600万人民币资产、千万人民币资产、亿人民币资产和3 000万美金资产的家庭数量和地域分布情况,包括内地和香港、澳门、台湾,见表1-1~表1-4。

图1-1 《2020方太·胡润财富报告》

> **课堂互动**
>
> 你的城市上榜了吗?你在这些财富数据里看到了什么?

表 1-1　600 万人民币资产"富裕家庭"城市分布 Top 10

单位：户

排名	城市	"富裕家庭"数量	比上年增加
1	北京	715 000	+11 000 ↑
2	上海	611 000	+9 000 ↑
3	香港	549 000	+2 000 ↑
4	深圳	174 000	+4 000 ↑
5	广州	166 000	+4 000 ↑
6	杭州	127 000	+2 900 ↑
7	宁波	98 600	+2 700 ↑
8	佛山	74 700	+1 700 ↑
9	台北	70 300	+700 ↑
10	天津	64 600	+500 ↑

表 1-2　千万人民币资产"高净值家庭"城市分布 Top 10

单位：户

排名	城市	"高净值家庭"数量	比上年增加
1	北京	294 000	+6 000 ↑
2	上海	255 000	+6 000 ↑
3	香港	223 000	+1 000 ↑
4	深圳	75 700	+2 000 ↑
5	广州	68 900	+1 300 ↑
6	杭州	48 200	+1 600 ↑
7	宁波	36 000	+1 200 ↑
8	台北	33 000	+600 ↑
9	佛山	31 300	+700 ↑
10	天津	26 400	+300 ↑

再看第二组数据。

（1）千万人民币资产"高净值家庭"构成（见图 1-2）。

①企业主：企业的拥有者，这部分人占到 60%。企业资产占其所有资产的 59%，他们拥有 200 万元的可投资资产（现金及部分有价证券）和价值 500 万元以上的自住房产。

检查归纳

表 1-3　亿人民币资产"超高净值家庭"城市分布 Top 10

单位：户

排名	城市	"超高净值家庭"数量	比上年增加
1	北京	19 300	+400 ↑
2	上海	16 200	+400 ↑
3	香港	12 500	+100 ↑
4	深圳	5 590	+170 ↑
5	广州	4 350	+90 ↑
6	杭州	3 340	+120 ↑
7	宁波	2 480	+90 ↑
8	台北	2 400	+50 ↑
9	天津	2 220	+30 ↑
10	苏州	1 960	+60 ↑

表 1-4　3 000 万美金"国际超高净值家庭"城市分布 Top 10

单位：户

排名	城市	"国际超高净值家庭"数量	比上年增加
1	北京	13 000	+300 ↑
2	上海	11 600	+300 ↑
3	香港	8 330	+50 ↑
4	深圳	3 670	+120 ↑
5	广州	2 710	+60 ↑
6	杭州	2 490	+100 ↑
7	宁波	1 830	+70 ↑
8	台北	1 670	+40 ↑
9	天津	1 590	+20 ↑
10	苏州	1 350	+50 ↑

②金领：主要包括大型企业集团、跨国公司的高层人士，他们拥有公司股份、高昂的年薪、分红等来保证稳定的高收入，这部分人占 20%。他们的财富中，现金及有价证券部分占 59%，拥有 700 万元以上的自住房产。

③炒房者：主要指投资房地产，拥有数套房产的财富人士，这部分人占 10%。房产投资占到他们总财富的 59%，现金及有价证券占比 26%，拥有 600 万元以上自住房产。

④职业股民：他们是从事股票、期货等金融投资的专业人士，这部分人占10%。现金及股票占到其总财富的65%。职业股民平均拥有600万元以上自住房产。

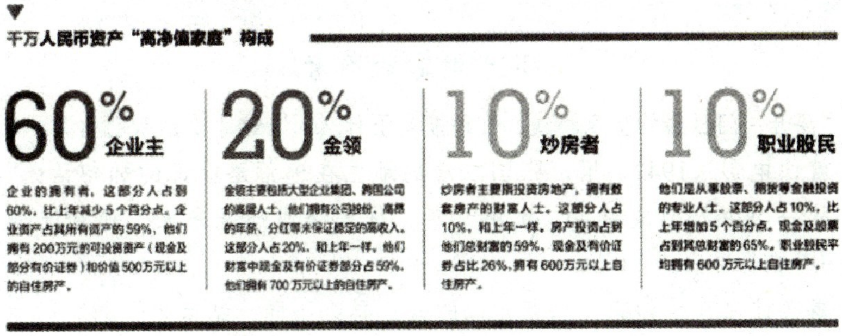

复盘评价

图1-2 千万人民币资产"高净值家庭"构成

（2）亿人民币资产"超净值家庭"构成（见图1-3）。

①企业主：占比达到75%。企业资产占其所有资产的68%，他们拥有2 000万元的可投资资产（现金及部分有价证券），房产占到他们总财富的14%。

②炒房者：占比为15%。房产投资占到他们总财富的七成以上。

③职业股民：占比为10%。现金及股票占到其总财富的八成以上，房产投资占他们总财富的18%。

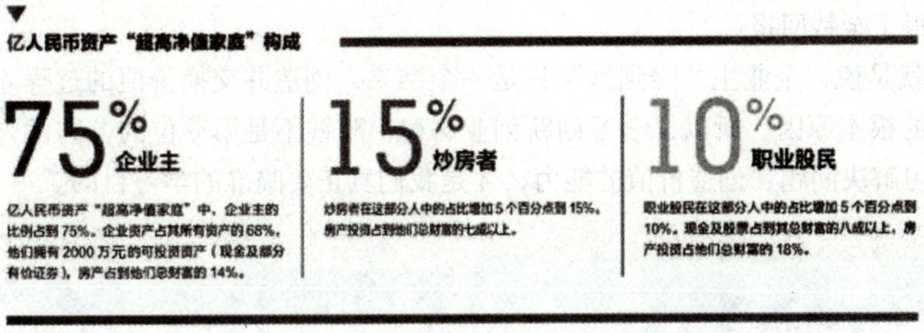

图1-3 亿人民币资产"超高净值家庭"构成

课堂互动

有的人生意失败会觉得失去了一切，如同失去了生命，因为经济效益于他们而言意味着一切。也有人心态完全不同，尽管他们认为钱对生活很重要，但即便损失了，一无所有，对自己的生活仍然感到满意。这两种完全不同的财富价值观，源于这些人背后不同的哲学认知与思考。

请分析上面两组数据，说说你的想法：
1. 拥有巨额财富的家庭，从职业分布上看有什么特点？
2. 谁是拥有巨额资产的主要人群？为什么？
3. 从他们的职业分析，"财富"到底是什么？
4. 如果想"赚钱"，要跟谁学？学什么？

关于财富的思考

"离开一门赚钱的生意和钱,你还能剩下什么?"这才是创新创业课要学的。

就像电影《1942》里,张国立演的地主在逃荒路上说的那句话:"我知道咋从一个穷人变成财主,不出十年,你大爷我还是东家,那时候咱再回来……"

事实往往就是如此。起点相似的人,思维不同,结果也不同。因为,真正决定穷富差距的是"思维"。

从上述数据中不难看出,"企业主"是拥有巨额资产的主要人群,为什么这个群体能够成为高净值家庭和超高净值家庭占比最大的呢?为什么他们能赚到"大钱"呢?

根本原因是:企业主看到了市场需求,并通过自己创办的企业向社会和市场提供了某种能解决人们特定需求的产品或服务,而人们为了自己的诉求,愿意支付一定金额的货币购买这些产品或服务。企业主在这个过程中不断与客户做价值交换,所以获得了金钱回报。

也就是说,企业主"赚到钱"只是一个结果,创造并交换价值的过程才是其获得财富的根本原因。所以,学习创新创业课程,赚钱不是第一位的,向优秀的企业家们学习解决问题、创造价值的能力,才是我们真正要瞄准的学习目的。

企业家的价值思维

价值思维是指在做决策的时候,通过一系列价值标准进行充分评估,最终作出价值最大化的选择。整个评估的思维体系,就叫作价值思维。

一家企业具备价值思维,就会重视长期发展,它以"为客户创造价值"为核心竞争力,抛弃能带来短期利益的价格思维。这种以人(客户)为本的科学发展观对当今中国社会发展的目标、主体、动力、衡量标准等问题都作出了科学的回答,蕴含着马克思主义的价值思维方式。

步骤二、为什么人人都要学双创

——从财富、生涯和时代三个层面理解时代发展为什么需要学双创。

 学习计划

一、从"财富"层面看为什么要学双创

我们所处的环境决定了我们的认知和思维,而认知和思维又决定了我们的行为及其产生的结果。

就好比企业主们,赚到钱只是我们看到的外在结果。为什么能赚到钱呢?因为他们用自己的产品为别人(客户)解决了问题,这是一个为客户提供价值的行为。

为什么企业主能做出这样的行为呢?因为他们具备创造价值的思维。而他们为什么会有形成创造价值的思维?是因为他们身在一个思考价值的商业环境里。商业市场里有创新创业的良好氛围,有关于商业价值的认知学习。

大学开设创新创业课程,就是在为大学生群体营造双创氛围、培养双创认知、开拓双创思维。如果你也想要在"财富"层面上改变结果,是不是也需要自上而下改变环境、改变思维呢?毕竟思维一变,行为就变,结果才变。

思维方式如此重要,你知道吗?

思维一变,行为就变,结果才变。

我们越是认识到思维方式以及经验在我们身上的影响力,就越是能够对自己的思维方式负责,懂得审视它,在现实中检验它,并乐于聆听和接受别人的看法,从而获得更广阔的视野和更客观的认知。

掌握自上而下"创造财富的思维模型"

企业主作为经济个体,为什么能够创业成功,并且获得金钱的回报?让我们一起动手,为企业主绘制一张财富流向图,看懂"创造财富思维模型"(见图1–4)的价值。

图1–4 创造财富的思维模型

"大众创业、万众创新"可以做些什么

创业不仅属于企业家，也属于科学家，只不过科学家所从事的是科学事业，而非企业家所面对的商业企业。

同样道理，在创新方面，科学家进行发明创造，企业家同样也进行发明创造。只不过企业家发明创造的主要是技术产品，也包括服务和管理。只要企业家把自己的创意运用到解决社会生活实际面临的问题当中，克服生产和运营过程中所遇到的困难，就是在创新。之所以称之为创新，就是因为他们解决了前人没有解决的难题，尽管这些不是对科学理论命题的解答，但仍然具有非常强的创新意义，而且具有直接的经济价值，能够直接创造出物质产值。

二、从"生涯"层面看为什么要学双创

近年来，党中央国务院高度重视创新创业教育工作，持续加强顶层设计，将创新创业教育作为落实创新驱动发展战略和人才强国战略的重大举措，作为应对新一轮科技和产业变革的有效手段，作为打造经济发展新动能的重要引擎。国家不断推动和深化创新创业教育改革，不是盲目为之，是建立在"人人具有创新创业的潜能，人人具有创新创业成功的可能性"这一哲学认知基础之上的。大学教育不是窄化的应职教育，创新创业教育也不是窄化的科技发明和创办企业的教育，我们需要从对每一个个体成长的意义出发、从生命价值角度出发，重新理解学双创的意义。

每个人都是在不断地超越自我、革新自我的过程中成长的，因为每个人在成长过程中都会遇到一系列挑战，正是在应对这些挑战的过程中人才得以成长。人们在应对挑战的过程中需要改变自己的认知方式，以此适应环境的变化，这实质上就是一个创新过程。

创业也是如此。人的一生就是追求并实现一个又一个目标的过程。要达成这些个体目标，我们必然要满足社会需要、创造社会价值。一个人如果不能创造价值、满足社会需要，就无法获得社会的回馈，进而无法谋得实现个人目标所需要的各种社会资源，当然也就无法实现自己的人生目标。所以，满足社会需要是一个人成功的基础，也是一个人健康成长的价值坐标。这个过程就像创业一样，是个体的一种主动行动，是在认识到自己的价值或潜能之后主动采取的行动，而行动过程也是验证认识、丰富认识的过程。这个行动过程不仅是在进行创业，同时也会产生创新，因为每一次行动都在挑战自己的既有认知，是自我认识的革新，最终实现的是自我认识的超越。

可见，创新创业是人的一种本能，是人类的本质属性。没有创新创业，人类从何起源？创新创业一直推动着人类进化，伴随着人类发展。为此，面对中华民族伟

大复兴战略全局、世界百年未有之大变局，创新创业的观点要长期提下去。

当然，现实中人们的创新创业潜能是有差别的，这是一个客观事实，不容回避。所以，我们可以看到，国家、政府、学校都在全力以赴，整合尽可能多的资源，为每一个学生个体发现自我创新创业潜能提供条件。

比如，有的同学已经意识到了自己的创新创业潜能，并且具有强烈的实现愿望，学校和政府部门认定的孵化基地、创业园就是你的成长之所。孵化基地、创业园以培育创业主体为目标，为入驻项目提供经营、生产所需场地，提供咨询、培训、指导等专业服务，提供项目综合管理服务，协助落实各项创业扶持政策等。

如果有的同学压根就没有意识到自己蕴藏的创新创业潜能，甚至不清楚自己的人生目标，大学创新创业教育启蒙课就能帮你认识自己，找到自己所具有的潜能，从而确定自己的成长方向。

青年时代就是双创时代，我们要抓住国家和时代发展的机遇和浪潮，成长创新创业的思维、做好创新创业的准备，迎接我们这一代青年人最好的双创时代。

关于财富的金句

1. 金钱是一种力量，但更有力量的是教育。

2. 看到大多数人看到的地方是眼力，看到少数人看到的地方是眼光，看到别人都看不到的地方是眼界。接受创业教育并建立创业思维的人就能看见并抓住环境和趋势带给我们的机遇。

3. 破产和贫穷的区别在于，破产是暂时的，而贫穷是永久的。克服困难，付诸行动，适当冒险，可能会成为第一种人；不做，就注定是第二种人。

三、从"时代"层面看为什么要学双创

纵观世界经济发展历史，大体经历过三次创新创业浪潮。第一次创新创业浪潮产生于资本主义工业革命；第二次是第二次世界大战后复苏的商业经济推动了大量的创新创业活动不断涌现；20世纪80年代以来的新经济革命风暴席卷全球，形成了经济全球化扩张、信息技术高速发展背景下的第三次创新创业浪潮。

2008年国际金融危机，全球比以往任何时候都需要通过创新摆脱危机，实现重生。世界主流国家纷纷调整战略方向，推出各自的创新开展战略，焦点不约而同地锁定在新一代互联网、生物技术、新能源、高端制造业等战略新兴产业上，构成新一轮增长竞赛。创新已由摆脱国际金融危机的一种政策选项，升格为新一轮全球经济格局重塑的战略选项。

> 检查归纳

全球已进入新的创新密集活跃期，创新创业也正在成为改变国家竞争力量的关键因素。当全球科技革命和产业变革与我国加快经济发展方式转变形成重要交汇时，中国要适应国际形势，短期实现第一个百年目标、长期实现第二个百年目标，创新创业格局必然发生重大演变。

当今技术创新已进入大数据、云计算、物联网、移动互联网时代，当经济发展进入以颠覆性技术创新为主导的新的历史阶段，"创新红利"的作用将远远超过历史上任何一个时期。2021年，在《中华人民共和国国民经济和社会发展第十四个五年规划和2035年远景目标纲要》中，更是提出了坚持创新驱动发展、全面塑造发展新优势的发展规划。

经济周期

经济周期（Business Cycle）也称商业周期、景气循环，一般是指经济活动沿着经济发展的总体趋势所经历的有规律的扩张和收缩。经济周期是国民总产出、总收入和总就业的波动，是国民收入或总体经济活动扩张与紧缩的交替或周期性波动变化。

企业生产经营状况的好坏，既受其内部条件的影响，又受其外部宏观经济环境和市场环境的影响。企业无力决定它的外部环境，但可以通过内部条件的改善，来积极适应外部环境的变化，充分利用外部环境，并在一定范围内改变自己的小环境，以增强自身活力，扩大市场占有率。因此，作为创业者，对经济周期波动必须了解、把握，并能制定相应的对策来适应周期的波动，否则将在波动中丧失生机。

经济周期分为繁荣、衰退、萧条和复苏四个阶段，见图1-5（图片来自新浪财经）。

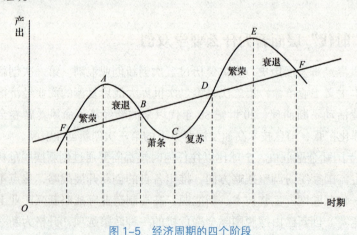

图1-5 经济周期的四个阶段

> 经济周期波动的扩张阶段，是宏观经济环境和市场环境日益活跃的季节。这时，市场需求旺盛，订货饱满，商品畅销，生产趋升，资金周转灵便，企业的供、产、销和人、财、物都比较好安排，企业处于较为宽松有利的外部环境中。
>
> 经济周期波动的收缩阶段，是宏观经济环境和市场环境日趋紧缩的季节。这时，市场需求疲软，订货不足，商品滞销，生产下降，资金周转不畅，企业在供、产、销和人、财、物方面都会遇到很多困难，企业处于较恶劣的外部环境中。
>
> 经济的衰退既有破坏作用，又有"自动调节"作用。在经济衰退中，一些企业破产，退出商海；一些企业亏损，陷入困境，寻求新的出路；一些企业顶住恶劣的条件，在逆境中站稳了脚跟，并求得新的生存和发展。这就是市场经济下"优胜劣汰"的企业生存法则。
>
> （百度百科）

步骤三、怎样加持企业家级的财富能力

——向企业家们学习，掌握两个行动工具，弘扬正能量的认知、语言、行为。
——了解本校双创硕果，建立学习信心和更高的学习目标。

一、用好语言能量魔法"棒"

诗人安吉罗（Maya Angelou）说："言辞就像小小的能量子弹，射入肉眼所不能见的生命领域。"语言看不见摸不着，却有巨大的能量，充满在房间、家庭、环境和我们心里。因为语言是有声的思想，语言是心灵的画像，是智慧发展的产物，一个人的才华和风度会通过语言展现出来，看似简单，但影响却相当深远。

谈吐要使用字眼，语言要发出声音，这些字眼和声音终日陪伴，不知不觉地就会影响到我们的思想、情绪、心态，甚至命运。语言就是魔法师，说出什么样的话就会成为什么样的人，或者说让自己的状态不断地向那个方向发展。

> **课堂互动**
>
> 孔子说："一言可兴邦，一言可丧邦。"语言可以伤人，也可以助人。语言的功效不在于话的多少，在于话的质量。我们该如何说话才能发挥语言的魔力，使语言变成一笔重要的财富，让我们在人生路上如虎添翼？

今日资讯

语言能量魔法"棒"

让我们试试用"太棒了"这三个字把生活中的负能量瞬间变成正能量,学会和养成正向积极分析问题的能力。

生命中发生了任何事,我们都要给自己输入正面的信念:凡事发生必有其目的,一定有助于我;它不是来折磨我的,是来成就我的。"太棒了"这3个字可以帮助我们瞬间改变视角,马上发现这件事好的一面。

请用"太棒了"三个字开头,说一句话,改变以下场景中可能有的情绪或感受。
1. 哎呀,错过了一趟公交车!＿＿＿＿＿＿＿＿＿＿＿＿＿
2. 手机屏幕摔坏了!＿＿＿＿＿＿＿＿＿＿＿＿＿＿＿＿＿
3. 作业太难了!＿＿＿＿＿＿＿＿＿＿＿＿＿＿＿＿＿＿＿
4. 上台表演搞糟了!＿＿＿＿＿＿＿＿＿＿＿＿＿＿＿＿＿
5. 我的能力不行!＿＿＿＿＿＿＿＿＿＿＿＿＿＿＿＿＿＿

二、打造你的"认知百宝箱"

我们正处在一个日新月异、变幻莫测的快节奏时代中,站在新旧事物交替的十字路口,新思维、新思想、新方法、新技术、新模式推动着时代迅猛向前。如何能跟紧时代的步伐,而不是被时代的潮流所吞没?答案很简单——努力学习,与时俱进,不断更新自己的技能,充实自己的知识储备,提升自己的认知水平。

"认知"是什么

罗振宇说:"认知,不是聪明;认知,不是信息;认知,也不是知识;认知,是你对这个世界的一个抽象的解释系统。"

百度百科解释:认知,是指人们获得知识或应用知识的过程,或信息加工的过程,这是人的最基本的心理过程。它包括感觉、知觉、记忆、思维、想象和语言等。人脑接收外界输入的信息,经过头脑的加工处理,转换成内在的心理活动,进而支配人的行为,这个过程就是信息加工的过程,也就是认知过程。

成年人的"成长"，长的是"认知水平"。一个人的眼界、格局与认知水平息息相关，认知水平越高的人，往往眼界更宽、格局更大。

认知水平是一个人的智慧体现。知识谁都可以学，但智慧却不是每个人都有，所以，就造就了每个人的认知水平不同。

请思考并回答以下问题：

不扩大自己的认知可能会怎样？你愿意接受这样的结果吗？

➪ 学习计划

网上有一段引发了很多网友共鸣的话："你永远赚不到超出你认知范围外的钱，除非靠运气，但靠运气赚到的钱，最后往往又凭实力亏掉，这是一种必然。你所赚的每一分钱，都是你对这个世界认知的变现，你所亏的每一分钱，都是因为你对这个世界认知有缺陷。这个世界最大的公平在于，当一个人的财富大于自己认知的时候，社会有100种方法收割你，直到你的认知和财富相匹配为止。"

在积累财富的过程中，谁都不是天生的高手，想要提升财富，就要提高认知层级，培养财富思维，重视规划自己的核心竞争实力，追求"复业"——也就是可以让我们产生复利价值的事，而不是"副业"。

有效工具

认知百宝箱

未来一切的竞争，其实都是抢占"认知高地"的竞争。所有的成就和财富都建立在认知的基础上，所有的收获都是认知不断积累的结果，而认知的中断或意识的分散会使你事倍功半。

时代在进步，停下就是退步。想要不被这个时代所抛弃，唯有不断学习、拼命学习、终身学习！学习和不学习，真的过的是两种人生。

任务成果

请解开你的"认知百宝箱"的密码并牢记它：

社会是_____；

脑子是_____；

认知是_____。

千万别把认知百宝箱的密码给忘了！

项目一　插旗子　　017

三、与优秀的人为伍

心得记录

接下来,让我们一起了解我校在创新创业教育和双创课程建设方面取得的累累硕果,看看身边的同龄人、教师、企业导师们正在做什么。

与有梦想的人在一起会有远见和希望;与有目标感的人在一起会珍惜时间;与有使命感的人在一起会有大爱;只有与优秀的人为伍,你才能真正知道自己拥有的力量!

任务执行评价见表1-5。

表1-5 任务执行评价

序号	评价维度	评价内容	所占分值/%	自我评价（30%）	小组评价（20%）	教师评价（50%）
1	任务完成情况	学习自觉性高,积极主动,一丝不苟。遵守时间,能在规定时间内完成并上交	10			
2	任务呈现形式	如实记录,表达准确,条理清晰,内容丰富,图文并茂,有一定的创新力	20			
3	行动工具的运用	正确使用行动工具,作业步骤清晰,能够举一反三、融会贯通	25			
4	任务成果的达成	思想上积极上进,有强烈的求知欲和进取心,能够立足专业、提升技能、夯实基础,综合素养得到全面提升	25			
5	学习小组合作情况	团队目标明确,沟通顺畅,有团队协作精神,有领导组织能力	20			
小计						
合计						

中

创业精神篇

"大学之道,在明明德,在亲民,在止于至善。"

——《大学》

感动中国 2019 年度人物——盲人医师朱丽华

颁奖词：不幸关上了你的门，但你帮别人打开了窗。看见过这世界的阴影，但还是面向光明。在黑暗中，靠自己的一双手，推拿出灿烂人生。世界上最美丽的东西，看不见也摸不着，但你能感受到。

64 岁的朱丽华是浙江嘉兴一位既平凡又不普通的人物。

年仅 13 岁时，因为参加体育比赛被磕伤，造成右眼失明。18 岁又由于另一场意外，完全失去光明。很难想象，在最美好的年龄成为盲人，当时的朱丽华该是多么绝望。

1983 年，全国各地刮起了向励志人物张海迪学习的风潮，广播电台报道的张海迪的长篇通讯《是颗流星，要为人类留下光明》深深地说进了朱丽华的内心，她把张海迪当作学习的动力，用这些话时刻鼓励着自己。正是因为有了榜样，她对自己的人生又重燃了希望。

1985 年，她生命中的春天到了。嘉兴市民政部门开设了一个中医推拿培训班，她被选中去参加学习。朱丽华不畏艰难学有所成，并在民政部门的帮助下顺利找到了工作——给社会福利院的 4 名脑瘫儿童进行推拿康复治疗。

在她的悉心照料下，4 名脑瘫患者从一两个月后的翻身站立，到触摸以及下床，再到一年后走动，创造出了奇迹。

在这之后，朱丽华在嘉兴市社会福利院创建了自己的第一家诊所——丽华中医诊所。

从 11 平方米的一间房、一张床，到今日的 467 平方米、20 张床，她用了几十年。可小小的诊所中，装满的却是大大的人间爱。朱丽华诊所为 100 多名残疾人提供工作岗位，不但包吃包住，还让她们用自己做实验，朱丽华的身上时常青一块紫一块的。她曾说："安置一个残疾人，等于解放一个家庭，对困难家庭的帮助非常大。"

1989 年的夏季，一场罕见的洪水灾害袭击了嘉兴。自那一年起，朱丽华增加了为嘉兴市现役军人给予完全免费推拿医疗的项目，迄今已服务近 4 000 人次。

朱丽华虽然通过自己的努力也算事业有成，但她仍吃住在诊所里，一直单身，没有购房，也无儿无女，她宁愿省下钱帮助他人，自己也不愿意多花一分钱，希望把钱用在比她更需要的人身上。自 1991 年起，30 多年的时光里，朱丽华共捐助贫困生 587 人，再加上捐助的公益慈善，总计捐助数额达 454 万余元。朱丽华把省下来的钱都花在了对社会有用的地方，用她的话来说，便是"由于自己只睡一张床，吃三顿饭就可以了"。

在朱丽华看来，是由于各界人士、政府部门和党鼓励，她才能走到今天，她希望回馈社会，帮助处在困境中的人们。她觉得这是一种莫大的荣幸，也是她的责任，她只希望孩子们在校园里好好读书，未来多做一些有利于社会发展的事情，这就是对她最大的奖励。

从黑暗无光的青春，到迈入五彩缤纷的人生，朱丽华经历的风雨并不能用简简单单的几句话就能说完，可命运的不幸，并没有让朱丽华绝望，反而她在自强不息中，帮别人打开了窗。

在黑夜里，依靠自己的一双手，推拿出了光辉的人生，深处世界的阴影中的她，早已笑对光明了。

朱丽华的坎坷遭遇让她的眼睛由光明转向黑暗；但因为始终自强与自立，她的心由深渊般的黑暗之中再次重返光明，坚强而执着。她将自身信念化为行动的力量源泉，用理想追光，情怀造光，使命感发光，在最平凡的岗位上向世人时刻传递着刚毅、自强、无私奉献、勇于担当的精神！

项目二　定调子

【项目导读】

　　亲爱的同学们，关于专业学习、未来的创业计划、去哪里刻录年少青春奋斗足迹……这些人生路上必然经历的成长，你有过辗转反侧、痛苦纠结吗？你找到自己想要的答案了吗？黎明的那道光会穿越黑暗，每个人都有自己的使命和人生风格。人生是一个不断寻找的过程，当你打破一切恐惧，在迷茫中抓住希望，内心充盈，就能成为更好的自己。

任务 2 看清读大学的财富意义

● 【任务关键词】

时间

● 【行动工具包】

（1）四维视角魔方；
（2）刻意练习法。

● 【任务成果箱】

（1）建立眼前利益与长远利益辩证统一的思维；
（2）对品质有一颗匠心，不骄不躁，精益求精。

● 【知识目标】

（1）理解"套利"的内涵与外延；理解学习与财富的关系；
（2）理解"精业"的内涵与外延；
（3）理解"明智"的内涵与外延。

● 【能力目标】

（1）能够给自己的大学学习设定更高阶的奋斗目标；
（2）能够结合专业需要，从"精业"和"明智"两个维度规划有创新精神的具体的学习方案；
（3）确定自己要提升的不可替代的关键能力，并制订行动计划实践落地。

● 【素质目标】

（1）借助行动工具"刻意练习法"，利用任务刻意练习，把每一次实践/工作当作学习技能、提升能力的训练，持续思考、总结、反馈。
（2）通过行动工具"四维视角魔方"的学习，建立长线思维，延迟满足。

步骤一、大学教育是什么，从财富的视角解读

 学习计划

——能够从财富的视角理解读大学是生涯规划的重要一环。

一、生涯规划的含义

《庄子·养生主》中有这样一句话："吾生也有涯，而知也无涯。""生"是活着的意思，"涯"泛指边际，通俗地讲，生涯就是人的一生。《现代汉语词典》中"生涯"指从事某种活动或职业的生活。生涯的英文单词"Career"，本义是两轮马车走过的车辙，后引申为道路，即人生的发展道路。美国国家生涯发展协会（National Career Development Association，NCDA）对生涯给出的定义为：生涯是个人通过从事工作所创造出的一个有目的、延续一定时间的生活模式。以上可以看出东西方文化对于生涯的理解是保持一致的。

所以，生涯规划也即人生规划，是对一个人所从事的学习、娱乐、事业、工作等生活模式进行的长远规划。它涵盖了人的一生，既包括职业生涯规划，也包括学习规划、退休后规划等。规划生涯就是给自己的人生绘制理想蓝图的过程，也是进行自我探索、成长奋斗、实现自身价值的过程。

一个人若是看不到未来，就掌握不了现在；一个人若是掌握不了现在，就看不到未来。生涯规划的本质与精髓是——立足现在，胸怀未来。

> **课堂互动**
>
> 《中庸·治国》里说："凡事预则立，不预则废；言前定，则不跲；事前定，则不困；行前定，则不疚；道前定，则不穷。"
>
> 同学们，你身边有过哪些事前规划/计划的例子，与没有规划/计划的情况相比较，其结果有何不同？

二、大学与生涯规划的关系

> **智慧高地**
>
> 美国职业生涯管理专家舒伯（D. E. Super）认为，生涯是个人终其一生扮演角色的整个过程，生涯的发展是以人为中心的。而职业生涯则是指一个人在就业领域所经历的一系列岗位、工作或职业，以及相关的态度、价值观、愿望等连续的过程。

舒伯将人的职业生涯发展分为成长、探索、建立、维持、衰退等五个阶段。大学生的年龄阶段正处于职业生涯发展的探索时期，是学习打基础的阶段。大学生在该阶段通过学校、社团、打零工等机会，对自我能力及角色进行探索，职业偏好逐渐具体化、特定化。

美国伊利诺伊大学教授斯温（Swain）博士针对生涯规划，提出著名的金三角图形，认为人在做生涯规划时，要考量"自我""教育/职业""环境"三个因素（见图2-1）。其中，对自我的认识包含了解个人所追求的生活形态，了解自己的兴趣、能力、价值观、性格等；对教育/职业资料的探索包括对教育/职业信息的了解、对工作世界的认识等；对环境资源的掌握包括父母、家人、师长、朋友的期许和协助，社会资源的助力或阻力等。

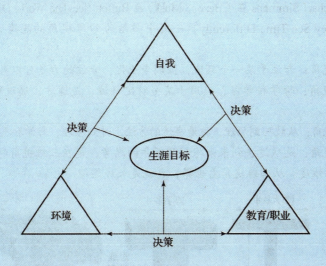

图 2-1　生涯规划金三角

请思考并回答以下问题：
同学们，请和你的同桌分享一下，对于生涯规划，你在大学阶段做了哪些规划？

从专家学者对生涯的分析可以看到，大学阶段正是职业生涯的探索阶段，也是人生战略设计、安排未来发展的关键节点。吴晓波在《大败局》一书里告诉我们："转型过程中，迷茫、反复甚至混乱在所难免。而走出这一转型期的唯一出路是一往无前地发展，在前行中重建秩序和重构格局，绝不是理智的退缩。"一寸光阴一寸金，充分利用大学阶段做好发展探索，尽早做好生涯规划，我们必将受益终生。

步骤二、学历这么"卷",为什么还要读大学

——理解读大学是当代青年的时代责任、使命担当。
——读大学是长远的财富规划,是时间价值和认知价值的最大获取。

行动工具

四维视角魔方

杰夫·贝索斯(Jeff Bezos)、比尔·盖茨(Bill Gates)、沃伦·巴菲特(Warren Buffett)、雷·达利奥(Ray Dalio)、埃隆·马斯克(Elon Musk)……这些白手起家的亿万富翁企业家为什么可以引领世界潮流?为什么他们有造物之神的美誉?为什么他们可以取得令人不可思议的成功?他们的成功被美国教授Michael Simmons在《Bezos, Musk, & Buffett See The World Differently, Because They See Time Differently》一文中归结为四维视角的思考方式(见图2-2)。

一维视角:专注于某一个领域,强调专业化,专注的力量可以盛产巨匠。

二维视角:跨学科学习,应用于某个特定领域,是通才,通过跨界学习傲立于世界。

三维视角:从技巧到原理,把看事情的方法上升到原理、哲学和思维模型。

四维视角:是从过去到未来跨越几百年的思考,是在三维视角的基础上,加上时间的维度。从四维视角看世界,也就是长线思维。

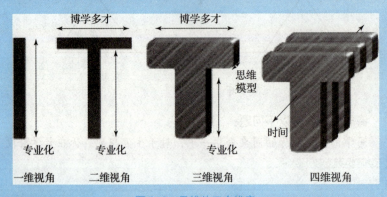

图 2-2 思维的四个维度

本节我们将学习利用四维视角魔方,思考时间价值和认知价值,用长线思维思考如何将读书纳入长远财富规划。

如果你所做的事情是可以在3年内完成的,那么你就是在和许多人竞争。但是,如果你愿意考虑一个7年时间的投资,那么你的竞争对手就只是一小部分,因为愿意这么做的公司很少。只要把时间的范围拉长,你就可以去追求一些看起来没办法做的事情。

> 我们在生活和商业当中，都应该采用长线思维这种简单而又强大的底层策略，长线思维会给我们带来"套利"优势。如果是寻求即时的满足，你会发现你的前面有一堆人。
>
> ——Amazon（亚马逊）创始人 杰夫·贝索斯
>
> 每个人都渴望获得成就。当你有额外的精力或者时间时，你会本能且不自觉地把它分配给你生活中能给你带来直接好处的活动（即时满足）。
>
> 成功的公司之所以失败，是因为他们的投资对象，往往是那些能带来最直接、最具体好处的东西。它们之所以犯这种短线思维的错误，是因为它们是由像你我这样的人管理的，而我们都是一些专注于即时满足的人。
>
> ——哈佛大学教授 克莱顿·克里斯坦森
>
> 如果说读大学给了我们一个思考的机会，在最好的年纪用最充足的时间去想明白自己到底要做什么，想成为什么样的人，那么请用跨越百年的四维视角思考：读大学到底能够获得什么？
>
> （《贝索斯、马斯克和巴菲特的独特，在于他们对时间的看法不同》，百度百家号：新华网官方账号，2020-05-23）
>
> 听听白岩松、罗翔、张雪峰等人的观点，或许你能获得一些新的启发。（B站视频，《我们为什么要读书？为什么要读大学？》https://www.bilibili.com/video/BV1Z64y1T76K? spm_id_from=333.337.search-card.all.click）

↪ 检查归纳

一、读大学是当代青年的时代责任、使命担当

网络上有句"鸡汤"是这样说的："我们现在过的每一天，都是余生中最年轻的一天。请不要老得太快，却明白得太迟。"你为什么读大学？是为了学历文凭、获取谋生手段？还是为了学习知识、拓展眼界、锻炼独立思考能力、改变思维方式？抑或是留下美好的回忆、给自己更多的选择？

2019年，习近平总书记在北京大学师生座谈会上的重要讲话中，对广大青年提出"要爱国，忠于祖国，忠于人民""要励志，立鸿鹄志，做奋斗者""要求真，求真学问，练真本领""要力行，知行合一，做实干家"的要求，希望新时代的中国青年时刻将爱国和奋斗紧密结合起来，脚踏实地做意志坚定的爱国者和永不停歇的奋斗者。今天，新时代的中国青年正处在中华民族发展的最好时期，既面临着难得的建功立业的人生际遇，也面临着"天将降大任于斯人"的时代使命。青年人应树立爱国奋斗的理想信念，努力提升知识水平和实践能力，以实现中华民族伟大复兴为己任，不辜负党的期望、人民期待、民族重托，不辜负我们这个伟大时代，在励志报国和求真实干的过程中使爱国奋斗精神真正成为内化于心、外化于行的不竭动力。

让青春在奉献中焕发绚丽光彩

"玉不琢，不成器；人不学，不知道。"知识是每个人成才的基石，在学习阶段一定要把基石打深、打牢。

2016年4月26日，习近平总书记在中国科技大学考察时语重心长地对学生们说："青年是国家的未来和民族的希望。希望同学们肩负时代责任，高扬理想风帆，静下心来刻苦学习，努力练好人生和事业的基本功，做有理想、有追求的大学生，做有担当、有作为的大学生，做有品质、有修养的大学生。"

2017年5月3日，习近平总书记在中国政法大学考察时指出："青年处于人生积累阶段，需要像海绵汲水一样汲取知识。广大青年抓学习，既要惜时如金、孜孜不倦，下一番心无旁骛、静谧自怡的功夫，又要突出主干、择其精要，努力做到又博又专、愈博愈专。特别是要克服浮躁之气，静下来多读经典，多知其所以然。"

2019年4月30日，习近平总书记在纪念五四运动100周年大会上强调："新时代中国青年要增强学习紧迫感，如饥似渴、孜孜不倦学习，努力学习马克思主义立场观点方法，努力掌握科学文化知识和专业技能，努力提高人文素养，在学习中增长知识、锤炼品格，在工作中增长才干、练就本领，以真才实学服务人民，以创新创造贡献国家！"

"纸上得来终觉浅，绝知此事要躬行。"所有知识要转化为能力，都必须躬身实践，注重在实践中学真知、悟真谛，加强磨炼、增长本领。

习近平总书记指出："广大青年要如饥似渴、孜孜不倦学习，既多读有字之书，也多读无字之书，注重学习人生经验和社会知识。"

2013年11月8日，习近平总书记在致2013年全球创业周中国站活动组委会的贺信中说："青年是国家和民族的希望，创新是社会进步的灵魂，创业是推动经济社会发展、改善民生的重要途径。青年学生富有想象力和创造力，是创新创业的有生力量。希望广大青年学生把自己的人生追求同国家发展进步、人民伟大实践紧密结合起来，刻苦学习，脚踏实地，锐意进取，在创新创业中展示才华、服务社会。"

2014年五四青年节即将到来之际，习近平总书记在给河北保定学院西部支教毕业生群体代表的回信中说："同人民一道拼搏、同祖国一道前进，服务人民、奉献祖国，是当代中国青年的正确方向。好儿女志在四方，有志者奋斗无悔。希望越来越多的青年人以你们为榜样，到基层和人民中去建功立业，让青春之花绽放在祖国最需要的地方，在实现中国梦的伟大实践中书写别样精彩的人生。"

2016年4月26日，习近平总书记在知识分子、劳动模范、青年代表座谈会上强调："要敢于做先锋，而不做过客、当看客，让创新成为青春远航的动力，让创业成为青春搏击的能量，让青春年华在为国家、为人民的奉献中焕发出绚丽光彩。"

（汪晓东、王洲，《人民日报》，2021年5月4日01版）

二、读大学是长远的财富规划

（1）读书是一种"套利"行为，可以帮我们"薅认知的羊毛"。

智慧高地

金融市场的套利又称为价差交易，指的是以较低的价格买进，用较高的价格卖出，利用价差赚取中间利润的交易行为。现实中，套利有成本、有风险，并且不见得会取得正收益，只是提高获利的概率更大。

读书为什么也是一种套利呢？知乎上，一位叫Henry的销售咨询师是这样说的：

因为读书多，掌握的知识就会多，做事情的方法也更多。这样我们去做其他事情，效率就更高。

我学习的效果，有一半是读书加成的。比如，我要去学习，我不会直接去学习，我会先去读书，看看书里的科学研究、理论方法、别人的经验、案例，然后我再去实践，用知识指导行为，用行为验证知识。

我健康的效果，有一半是读书加成的。比如，我要研究如何更健康，我不会直接去锻炼，或者自己做饭，我还是会去先读书，看看书里的科学研究、理论方法、别人的经验、案例，然后我再去实践，用知识指导行为，用行为验证知识。

我修心的效果，有一半是读书加成的。比如，我发现自己情绪很差，我就去读书，找到理论、方法后，我开始练习。后来我的情绪就慢慢变得很平和。减少了情绪困扰，就能增加很多有效的学习、做事时间。

其他的，比如写作、沟通、赚钱问题，都可以按这个逻辑来做。

所以，改变事情的顺序，就能享受读书和时间互补的红利最大化。

（Henry 销售咨询师，《读书最大的一个好处：帮你偷时间》，知乎，https://zhuanlan.zhihu.com/p/334815157）

↪ 今日资讯

读书就是站在巨人的肩上看世界。美国前总统奥巴马说:"教育给你们提供了发现自己才能的机会。或许你能写出优美的文字,甚至有一天能让那些文字出现在书籍和报刊上,但假如不在语文课上经常练习写作,你不会发现自己有这样的天赋;或许你能成为一个发明家、创造家,甚至设计出像今天的iPhone一样流行的产品,或研制出新的药物与疫苗,但假如不在自然科学课程上做上几次实验,你不会知道自己有这样的天赋;或许你能成为一名议员或最高法院法官,但假如你不去加入学生会或参加几次辩论赛,你也不会发现自己的才能。"

读书,为我们在未知世界里撕开一个口子,不断向外扩张,让我们知道得更多,能够变得更好。读书,在某种意义上,帮助我们找到自己的"领域",就是自己感知力特别强的地方,然后去做自己擅长的,充分利用自己的长处和优势,这是最划算的"薅认知的羊毛"。

认知决定财富

我们身边有人身价不菲,或有运气作用的成分。但很多时候,他们幸运的前提是来自自身的努力,努力提高自己的认知能力和水平。"看到别人看不到的才能领先于他人",这是企业家们的共识。

一个人的"认知"决定了一个人的财富。"认知"让你选择了对你来说最有价值的东西、最有价值的方法、你现阶段最应该做的最有价值的事情。伯克希尔·哈撒韦公司董事长沃伦·巴菲特的成功并不是因为纯随机性带来的运气,秉持"价值投资"理论获得巨额投资回报,是他对所投资企业全方位、多角度的深刻"认知"。

请思考并回答以下问题:
一个人真正的财富有哪些?说说你的看法。

(2)读书是一种"套利"行为,可以帮我们"薅时间的羊毛"。

时间是每个人所拥有的最公平也是最宝贵的财富。时间有什么妙用呢?我们都学过华罗庚的统筹法。其实,每个领域都有类似烧水泡茶的时间管理方法。最节省时间的方式就是把要做的事情拆开了,把别的事情融进去,这需要更加复杂的时间感知力。当你开始琢磨时间的利用率,谋定而后动,把握更好的做事顺序后,就能利用这种优势使效率大幅提升,"薅时间的羊毛"。

智慧高地

时间大于金钱

尽管每个人对财富的理解不尽相同，但所有财富都需要"时间"这个要素来承载。时间是上天赐予世人最公平的东西，富豪的财产可以高出普通人数千万倍，但其拥有的时间（寿命）却无法高出平均寿命太多。

为什么同样是一天 24 小时，富豪们却能迅速积累财富？最根本的原因就是富豪们用自己有限的时间撬动了更多人的时间、技能、精力、资本。当一个人的时间能够以指数形式放大时，他拥有的财富也必将呈指数级增长。

下面，分享一些日常生活中可以"薅时间羊毛"的小技巧。

1. 将家里的物品全部归置整齐，用完之后归回原位，很快就能找到你想要的东西，能节省很多时间。

2. 精简你的家当。要知道你拥有的东西越多，浪费掉的时间也就越多，它们既需要花钱去选购，又要花功夫维护和保养。

3. 午间小睡。当你感觉疲惫的时候，不妨先打个盹再说，这么做看起来略显懈怠，但是能够让你醒来之后干劲十足。

4. 降低做家务的标准和要求。洗碗机、扫地机器人、洗衣机、一周两三次上门家政都能帮助你节省大量时间。

5. 万一你遇到解决不了的难题，请记得要向他人求助，这往往是最为快捷的解决办法。

6. 争取时间勤加练习。我们当中很少有人会花费数小时乐此不疲地操练那些与工作有关的技能，所以坚持这么做的人一定会获得明显的竞争优势。

请思考并回答以下问题：

1. 你做过的一件日内套利的事情；
2. 你做过的一件跨时空套利的事情。

步骤三、如何实现学习"套利"

——从方向和方法上做好长远规划。
——能够从"精业"和"明智"两个角度找到自己大学学习的侧重点。

项目二 定调子

一、建立长线思维能力

 心得记录

通过前面的学习，我们认识到读大学是人生生涯的一项重要规划，也是一项长远的财富规划。同时我们还需充分认识到，这个世界是矛盾的，当前利益与长远利益是辩证统一的，既要高瞻远瞩做规划，也要积微成著做好当下。不过，很多人不习惯也不擅长做长远规划，这样难免会产生一些无可挽回的遗憾。

人与人之间的差距，往往是思维层次的差异。爱因斯坦说："你无法在制造问题的同一思维层次上解决这个问题。"也就是说，在当下的认知层次里，我们会被自己眼里的现象蒙蔽，看不到真实的世界。低层次的问题要去更高的层次里找解决方法；解决问题，需要思维的升级。

接下来，就让我们利用"四维视角魔方"开始试着建立起自己的长线思维能力。

巴菲特、马斯克和贝索斯的独特思维方式

长线思维是怎样思考问题的呢？比如杰夫·贝索斯，关于他的航天公司 Blue Origin，他是这样思考的："我相信，在最长的时间范围内（实际上我想的是几百年的时间范围），航天公司 Blue Origin 是我正在从事的最重要的工作，比亚马逊更重要。因为如果我们不这样做的话，我们的文明最终将停滞不前，我觉得这令人非常沮丧，我不希望我曾孙的曾孙生活在一个停滞的文明中。"在贝索斯思考的时间尺度里，数百年只是宇宙中的一瞬间。他把这种思维方式叫作"Day One 哲学"，并将其融入了亚马逊公司的文化里。贝索斯每天关注的焦点，永远是三年以后的事情。所以当下所取得的成就，几乎是他三年前思考决策的。

这条道路上，贝索斯并不孤单。

马斯克创立特斯拉，是为了解决未来的能源危机，而不仅仅是造一部电动汽车，这在他的两个宏图计划里描述得非常详细。而创立 Space X，则同样是基于人类的未来考虑。在一次 TED 采访中，马斯克解释他对时间的看法。他认为个人和人类的未来有无限的可能性，这些未来发生的概率各不相同。"未来就像概率这条河流的一个分支，我们可以采取一些行动让某个概率实现，也可以让某件事的进展加速或者放慢，或者给这条河引入新的东西。"在马斯克看来，通过改变概率的流向来塑造未来是可能的。

硅谷最著名的孵化器 YC 前总裁 Sam Altman 就曾将长线思维定义为"市场上为数不多的套利机会之一"。他说："当你准备创业时，考虑一些你愿意作出长线承诺的事情是非常值得的，因为这是目前市场空白的所在。"

　　世界上最大对冲基金公司桥水创始人 Ray Dalio 为了了解经济，通常会去研究数百年前的经济周期，并因此而闻名。

　　这些长期思考者重新定义了目光长远的含义。从许多方面来看，它就是一种决策心理模式。

　　最大的创新机会一般都需要很多年才能得到回报，并且成功的概率很低。传统的 CEO 并不追求这些目标。这就让贝索斯、马斯克和其他人在超高质量的投资方面遇到的竞争较少。因此，亚马逊、特斯拉和 Space X 公司才能在数年时间里领先于其他公司。

　　（《贝索斯、马斯克和巴菲特的独特，在于他们对时间的看法不同》，百度百家号：新华网官方账号，2020-05-23）

　　延迟满足是具备长线思维的人常用的一种手段。延迟满足不是为一个不确定的未来牺牲短期，而是为了一个好得多的未来去牺牲眼前一笔差得多的投入。

　　当我们以"一生"为周期进行衡量，反思、锻炼、学习、休息、建立关系……这些原本可能属于无聊、分心、无用之事，就会变得极其有意义、至关重要。

　　长期目标与激情是紧密相连的。建立了清晰的长期目标，你会发现，自己会变得更加努力，充满激情，愿意去学习更多（刻意练习），创造更多（高效产出），精神更加丰富，并乐于克服挑战（韧性）。

　　人生是场拉力赛，赛场上总会有短跑或长跑的参与者。短跑者寻求短期内获得回报，而长跑者追求的是短期机会带来的长期回报。要想成为长跑选手，在这场拉力赛中获得更大概率的人生胜利，长线思维是必备条件。

　　斯坦福大学教授菲利普·G.津巴多（Philip George Zimbardo）在《津巴多时间心理学》中说，我们对时间的态度对我们的生活产生了深远的影响，但这一点却鲜为人知。时间对于我们，就像水之于鱼一样，是看不见的，但它却跟我们如何作出决定、如何取得成功有着紧密联系。

　　在用津巴多时间观量表（Zimbardo Time Perspective Inventory，ZTPI）调查了 1 万多人之后，津巴多发现，人们对时间的态度可以分为 5 类。

　　（1）对过去持积极态度的人关注"美好的过去"。

　　（2）对过去持消极态度的人关注过去出问题的所有事情。

　　（3）对当下持享乐主义的人活在当下，会去寻求快乐并避免痛苦。

　　（4）对当下持宿命主义的人认为决定毫无意义，因为"该发生的事总归要发生"。

（5）面向未来的人会为未来做好计划，并相信他们的决定会奏效。

这些心态，每一个都映射出生活在不同世界里的人生。在面临难题挑战时，过去导向的人、当下导向的人，跟未来导向的人有着截然不同的反应。我们的"时间观"决定了我们的决定，我们的决定决定了我们的命运。

> **课堂互动**
>
> 你的时间观念反映了你的态度、信念和有关时间的价值观。扫二维码完成津巴多时间观念测评，可以帮助你更好地了解自己以及在这个世界上的独特机会。

津巴多时间观念测评

二、明确大学学习的方向和方式

"书到今生读已迟，惠及来世当此时。"读书、上课不是为了考试，而是为了以后的生活。

很多同学在并不清楚自己喜欢什么的时候，仅仅按照想象、感觉或他人的经验来选择专业，对不同专业的优缺点没有清晰的认知。进入大学后，对生活充满了焦虑，感到困惑和迷茫。其实无论专业"好""坏"，并不能决定你的人生或未来的发展。企业选择毕业生时，更关心的是毕业生真正掌握了什么、个人综合能力如何等。所以，你该想想，到底想过怎样的人生？面试时该用哪些经历或能力来证明自己？专业真能解决所有问题吗？丢开一纸文凭，你还能剩下什么？

在大学，你的确可能遇到各种各样的老师：有的老师讲课趣味横生，有的老师讲课索然无味；有的老师上课节奏飞快，讲的内容超出指定教材太多，有的老师照本宣科，绝不超纲；有的老师上完课就走了，有的老师上完课愿意留下来跟同学们继续讨论；有的老师喜欢让大家分组练习，有的老师爱布置写小论文。

不管读哪所大学，你都可能会遇到讲课风格让自己难以适应的老师。但大家一定要理解，读大学和读小学、初中、高中是有本质不同的。北京大学钱理群教授有一个观点值得思考："我觉得其实每个大学都有一些不太好的老师，北大也一样！不可能所有课都是好的……但是，在大学里，关键在于你自己，时间是属于你的，空间是属于你的，你自己来掌握自己，自己来学习。"

在大学，重要的不是记住自己学过什么，而是学会做自己学习的主人，安排好学什么、怎么学。

> **智慧高地**
>
> 麻省理工学院史上最快毕业的学生斯科特·扬（Scott Young），在1年时间内通过互联网学完了4年33门课程。他把自己的自学经验写成了一本书，叫《如何高效学习（Learn More Study Less）》。

这本书介绍了他的"整体性学习"的多种方法，如：
1. 搭建学习结构，编织知识网；
2. 用快速阅读捕捉信息，简单明了的笔记法；
3. 复习时想象你在教别人；
4. 要有目的地学，不是为了学本身而学；
5. 管理好精力、睡眠和血糖；
6. 分批处理零碎任务，集中拿下大任务。

斯科特·扬的"整体性学习"的模型见图2-3。

获取信息(大量并尽量准确地获取信息并压缩简化)
↓
理解(放在上下文理解信息的基本意思，逐个击破)
↓
拓展(建立三维变量的思维结构)
↓
纠错(删除无效联系)
↓
应用(调整书本知识以求适应现实世界的应用，创新式地学以致用)
↓
测试(发现偏差，快速改进)

图2-3　整体性学习的模型

现在，请站在长线思维的角度思考，如果我们长期以来始终如一在做正确的事情，那么我们的行动随着时间的推移会产生什么样的"滚雪球"效应？大学阶段正是人生中学习、规划的黄金时期，你将如何规划这段时间，一直做"正确"的事来完成时间或认知的套利？

三、从工人到匠人到精英的成长

"专能谋生，通则明智。"大学专业学习是为了"精业"，通识学习是为了"明智"。学习首先是要让自己成为业务高手，但更重要的是，让自己成为职业精英。

绝大多数人都希望能借职业超越现状，突破发展的天花板，提升社会地位，但这种困境往往很难破解。为什么简单的努力破不了局？

谷歌原高级资深研究员、腾讯原副总裁吴军博士这样解释："大部分人接受的教育，只是让我们掌握了单一的或者过于专业化的技能。"社会需要这种技能，我们在物质和荣誉方面获得的酬劳，就是这种技能的市场价格。有人可能会想，我多掌握一种技能，就比别人本事大，机会就多了。然而，这种线性思维方式的人往往忽略了一个重要的问题——人的时间和精力都是有限的。

今日资讯

学习计划

比如一位工程师，觉得单靠在公司的工作很难买得起最好学区的房子，于是考了房地产经纪人和保险中介人的资格证，从拥有一种技能变成了三种，下班和周末加班加点地做本职工作之外的事情。虽然这样收入看似多了一些，但最后他是否能比一心在公司工作的人走得更远呢？真的难说。这样的技能教育，接受得再多，也不过是从一种工匠变成了几种工匠。

做同一件事情时，精英水准的思维与普通执行的思维是不在同一维度的，其差距之大导致达到的高度往往会成为财富差距的主要因素。精英水准是技术、技能和素质的综合展示，而非单个分散的技艺。

过去物质不丰富的年代，人虽然是法律上的自由人，但是时间都用来谋取基本物质了。但是今天，中国人已经从法律上的自由人变成了经济上的自由人，接下来就要变成精神上的自由人，此时，通识教育就显得特别有必要。因为一个人要想享受世界、做世界的主人，就要有主人的学识；要想成为社会精英，就要在精神上成为精英，以精英的方式思考，以主人的态度做事。通知教育未必能直接用于谋生，不能直接挣钱，但学习的目的不仅仅是做有知识的劳动者，更要做社会的主人。

所以，读大学不仅要学好专业课，更要重视通识教育。通识教育对一个人的长远发展非常重要，有效提高综合素质的方法就是接受通识教育。

通识教育还有一个更好听名字，叫博雅教育，是从拉丁文 Liberal Arts 翻译过来的。"通识"译法强调其内容，"博雅"译法则强调其目的。有人问埃隆·马斯克，在大学里学什么才能成为企业家。马斯克不假思索地说："像我一样学物理，因为你会因此有一种最适合这个世界的思维方式。"可见在马斯克心里，物理学的那些知识并不重要，重要的是物理学的思维方式可以做到一通百通。这也道出了通识教育的本质，理解知识的结构化和关联性，思维方法和做事水平会得到明显的提升，并且可以被应用于许多地方。

让我们打开课表分析一下：
1. 课表上哪些课程是教我们精业的，哪些课程是教我们明智的？
2. 如何用经济学的套利做精业课的学习规划？
3. 如何用经济学的套利做明智课的学习规划？

智慧高地

《不要等到毕业以后》读书笔记

当今社会对 T 字形人才的需求越来越高，T 字母包括一横一竖，竖代表专业水平，横代表知识储备。也就是说，一个人才既要有过硬的专业知识，还要具备开阔的视野，有触类旁通的能力。这一竖我们可以通过系统的专业学习来获得，而这一横应当如何积累呢？

如果你特别擅长考试，那么你是不是可以把自己的经验总结成方法论与更多的人分享？说不定你就会顺手成为知乎达人。

如果你学的是服装设计等与美学相关的内容，那么你是不是也可以学一学摄影和视频剪辑，让自己的审美知识和观念影响更多的人？

毕导是清华大学化工系的博士，妥妥的专才。2016年刚开始写公众号推文，靠一篇《一个清华博士在供暖前给广大学子最中肯的建议》爆红，随后开始用科学知识写"好玩段子"。现在已经开设了自己的自媒体公司，拥有百万粉丝。

用现在的话说，你的一技之长在各种能力的加持下，很容易"出圈"。

《5分钟商学院》的作者刘润特别擅长分析别人的商业模式，把自己观察到的思考写成文章和书，还开设了"得到"课程。

品牌策划人华杉、华楠写了《超级符号就是超级创意》，阐述他们对超级符号模式的思考和运用，如他们操盘的厨邦、西贝等品牌，把操盘思路剖析得很透彻。

吴晓波观察了中国企业的发展历程，从《大败局》开始，一口气写了《激荡三十年》《跌荡一百年》，这些都是现象级的畅销书。

做T形人才并没有什么诀窍，无非是做专才时建立属于自己的思维框架，做通才时复盘自己的思维框架。

四、提升你的关键能力

有效工具

刻意练习法

"刻意练习"这个概念是由佛罗里达州立大学（Florida State University）心理学家 K. Anders Ericsson 首次提出的。这套练习方法的核心假设是：专家级水平是逐渐地练出来的，而有效进步的关键在于找到一系列的小任务让受训者按顺序完成。这些小任务必须是受训者正好不会做，但是又正好可以学习掌握的。该理论目前已经被广泛接受。

接下来，我们将继续运用长线思维进行思考和规划，同时使用刻意练习法来打造自己的学习习惯。

心得记录

1. 什么是刻意练习

刻意练习是一种有目的的练习，有定义明确的特定目标，有专注的练习状态，有练习与反馈帮助搞清楚自己的不足，还需要走出舒适区。

刻意练习是一种科学方法，值得我们把它运用到日常工作中去。不过，我们平时做的绝大多数事情都无法进行刻意练习，这可能就是为什么大多数人没能成为世界级高手。天才来自刻意练习。

2. 为什么要进行刻意练习

大脑就像肌肉，越练越强大。大脑有无限的适应能力，有目的的刻意练习会影响大脑，改变其适应能力，创建更加有效的心理表征。

心理表征是一种与我们大脑正在思考的某个物体、某个观点、某些信息，或者其他任何事物相对应的心理结构，或具体或抽象。创建和改善心理表征与某个领域技能的提升是一个良性循环，心理表征越好越完善，就能够造就越高的技能；而技能越高，心理表征也会越好。心理表征决定了我们对某一事物的反应速度和专业程度，我们学习的过程就是创建心理表征的过程。

比如书法练习，我们通过反复地读帖、临摹，从笔画、结构、字形、字体等方面对一个字进行深入的分析和控笔运笔的练习，同时关联与其笔画、偏旁、结构相关的其他字，找到书写的规律和章法，就形成了我们自己的心理表征，然后心理表征又反过来促进我们的书法水平。

3. 如何进行刻意练习

真正的刻意练习是反复专注地做一件事情，并不断进行自我检测，获得有效反馈，最后及时进行改进和调整。比如：工作前要制定目标，做出计划；工作中要自我观察，以类似旁观者的角度监测自己大脑所发生的事情，并观察事情的进展如何；工作后，要及时查看反馈，严格自我评价，找出不足，并进行改善和提高。

在清晰了解刻意练习的特点后，我们可以计划自己的刻意练习路径，投入大量时间，周期性地进行刻意练习，更好地进行技能的习得。刻意练习的一个关键是跳出舒适区，持续不断地去尝试那些刚好超出当前能力范围的事物（见图2-4）。

舒适区 （Comfort Zone）	已经完全掌握的区域，没有学习难度的知识或者习以为常的事务
学习区 （Learning Zone）	还没有完全掌握的区域，有一定挑战，感到不适，但不至于太难受
恐慌区 （Panic Zone）	超出自己能力范围太多的事务或知识，可能导致崩溃以致放弃学习

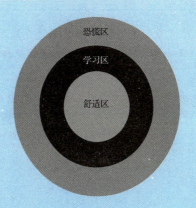

图 2-4　刻意练习会经历的过程

4. 刻意练习的关键

刻意练习最为关键的两点在于：

（1）保持强烈的兴趣和动机。那种来自内心深处强烈的自我激励和自我成长的愉悦感和成就感是坚持源源不断的"燃料"。

（2）持续的专注和坚持，强化前行的理由。没有人是"天生就会"，厉害的人也是因为大量科学的刻意练习才变得厉害。不要半途而废、轻易放弃，弱化停下脚步的理由。

对个人发展来说，哪些能力是我们必须掌握的呢？微信公众号"理财巴士"给出了这样一条评判标准：凡是可以转嫁给别人、让别人为我们效劳的能力，都是可有可无的能力。而那些我们无法依靠别人、必须自己掌握的能力才是关键能力。同时，他总结了 5 条关键能力，包括快速学习的能力、语言表达能力、保持健康的能力、控制情绪的能力、管理财富的能力。

人生总是处在不停地学习与不断地选择的过程中。明确了自己该学习什么内容后再开始行动也不晚。毕竟，决定成败的往往不是努力程度，因为努力并不稀缺；而是选择，因为做出智慧选择的能力很稀缺。

本节任务的学习过程同学们会受到一些观点的冲击而不得不费力进行新的思考，这个过程有时令人痛苦，却是学习与成长的契机。

刻意练习不是似而非地下意识完成任务，而是要精益求精，利用任务刻意练习。把每一次工作当作学习技能、提升能力的训练，持续反馈，而不是尽快地完成工作万事大吉。在刻意练习过程中，我们要不断反思：我是不是有效训练了工作技巧？有什么做得不够好的地方？还有哪些可以继续提升？我还用了什么技巧？同时，针对某些关键技能，还要进行技能细分，做大量的重复性训练。

复盘评价

使用刻意练习法,意味着我们经常无法轻松地完成工作、无法轻松地读书,意味着高度集中精力,意味着不停地思考、总结、反馈,并且做自己不习惯、不舒服和反直觉的事情。

举例说明在日常生活学习中,我们可以利用"刻意练习"精深哪些技能和能力?具体如何做?通过讨论,你获得了哪些更进一步的学习"打开"方式?

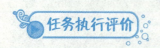

任务执行评价见表2-1。

表2-1 任务执行评价

序号	评价维度	评价内容	所占分值/%	自我评价(30%)	小组评价(20%)	教师评价(50%)
1	任务完成情况	学习自觉性高,积极主动,一丝不苟。遵守时间,能在规定时间内完成并上交	10			
2	任务呈现形式	如实记录,表达准确,条理清晰,内容丰富,图文并茂,有一定的创新力	20			
3	行动工具的运用	正确使用行动工具,作业步骤清晰,能够举一反三、融会贯通	25			
4	任务成果的达成	思想上积极上进,有强烈的求知欲和进取心,能够立足专业、提升技能、夯实基础,综合素养得到全面提升	25			
5	学习小组合作情况	团队目标明确,沟通顺畅,有团队协作精神,有领导组织能力	20			
		小计				
		合计				

任务 3
体会工作中的创新创业

今日资讯

● 【任务关键词】

价值

● 【行动工具包】

（1）突破边界的逻辑层次塔；
（2）3W 黄金圈思维模型。

● 【任务成果箱】

（1）培养爱岗敬业的"职业道德"；
（2）找到自己的"职业理想"，在岗位上坚持终身学习、刻苦钻研、勇于创新、坚韧不拔，打造"职业精神"；
（3）追求真理，一丝不苟，对人生、世界、工作形成更高维的哲学思想。

● 【知识目标】

（1）理解"创业"的内涵与外延；能够说出"创业"更广泛的定义；
（2）理解"创新"的内涵与外延。

● 【能力目标】

（1）能够运用行动工具"逻辑层次塔"，找到在岗位上持续输出三创能力的动力，建立目标导向型工作视角；
（2）能够运用行动工具"3W 黄金圈"，结合专业岗位需求和最新的商业业态，梳理一份正确刷短视频和直播平台的行为路径。

学习计划

【素质目标】

（1）理解工作的价值在于获得和积累自身解决问题的能力，能够以"求知若渴，更求甚解"的状态面对每一份工作；

（2）理解"创业精神"就是"职业精神"，在岗位上主动学习、奋发拼搏、创新创造创业。

步骤一、"创业"的定义是什么

——掌握创业的全面定义，突破对双创的认知与理解，破除思想误区。

一、创造性解读"创业"的定义

> **课堂互动**
> 1. 创业是什么，用什么创业？
> 2. 创业需要付出什么？又能得到什么？
> 3. 创业的人是多还是少？

创业，我们一般理解为创办企业，在百度上，你可以搜到几百万条跟创业定义有关的词条。创业成功意味着各种自由和各种需求被满足。创业成功的各种案例不断激励后来者走上创业之路。找项目、组团队、创企业、当老板，最后融资、上市，是许多年轻人的梦想。

然而，如果创业真能获得这么多，那么创业必然是众人趋之若鹜的选择。但事实上，为什么选择创业的往往是少数人呢？用经济学原理来解释，就是创业的收益和风险是不成正比的。创业失败率高、风险大，并且高风险并不等于高收益，很多时候可能是低收益，甚至是零收益。

那么，创业风报比不高，为什么还要学创业？为什么还要把创新创业作为一门通识课在所有大学开设？

聊创业的事儿，首先要厘清一个概念——创业到底是什么？

狭义的创业，是指创业者及创业搭档对他们拥有的资源或通过努力才能够拥有的资源进行优化整合，从而创造出更大经济或社会价值的过程。①

广义的创业，是指以创造新事物（新产品、新市场、新生产过程或原材料、新方法、新的理念和思维等）为目的，运用各种方法，产生各种成果的过程。

广义的创业不仅仅是单干做生意和创办企业的概念，它的外延很大。

---

① 词条：创业，百度百科，https: //baike. baidu. com/item/%E5%88%9B%E4%B8%9A/5324? fr=aladdin。

> **课堂互动**
>
> 创办企业∈创业
>
> 请同学们用"业"组词,说说"创业"还有哪些含义。
>
> _____、_____、_____、_____、_____、_____

> **智慧高地**
>
> "创业"的定义
>
> 刘志阳等认为,创业学并非西方创业经济理论的翻版,也不是现代企业管理理论的附属,应该被视为一门独立的学科加以研究。
>
> 如果说经济学是研究财富的生产、交换、分配和消费的科学,管理学是研究人类社会管理活动现象及规律的科学,那么创业学则是研究基于财富创造的创建活动规律的专门学问。
>
> 这里的"财富"不仅指微观意义上的家庭和个人财富,也包括宏观意义上的国家、社会以及自然财富。
>
> "创建"活动既指涉通常意义上新企业的组织创建过程,也包含美好社会的创建,乃至国家基业的创建,体现了从组织创建到社会建构再到国家发展的递进式上升过程。在这个意义上,创业学不仅是经济学和管理学的微观基础,也具有独立服务于国家发展的宏大意义。
>
> [刘志阳,赵陈芳,杨俊. 中国创业学:学科、学术和话语体系
> [J]. 外国经济与管理, 2021(12), 51-67]

所以,对于大多数人而言,创业是要用创新、创造的思维和眼界去做事,具备再造职业、创建家业、创立事业、创造人生丰功伟业的信念、思维、行动、能力和素质,并由此产生各种成果。从一个创业者最直观的感知来说,就是自己为自己的收入负责,不需要、不依赖别人给你发工资。

二、解读"创新"的定义

经济学上,创新概念由美籍奥地利经济学家熊彼特在1912年出版的《经济发展理论》一书中首次提出。熊彼特的创新概念包含的范围很广,涉及技术性变化的创新及非技术性变化的组织创新。熊彼特在其著作中提出:创新是指把一种新的生产要素和生产条件的"新结合"引入生产体系。它包括5种情况:

(1)引入一种新产品;

心得记录

（2）引入一种新的生产方法；

（3）开辟一个新的市场；

（4）获得原材料或半成品的一种新的供应来源；

（5）新的组织形式。

现代管理学之父彼得·德鲁克在《创新与企业家精神》一书中写道："创新是赋予资源一种新的能力，使它能够为客户创造出新的价值。"

可见，创新不是发明创造，也不是"玩点新花样""搞点小发明""设计一些新颖的创意""想出些别出心裁的好点子""天马行空地胡思乱想一番""标新立异赶时髦"等，这些都不是真正的创新。创业和创新是一对"孪生兄弟"，它们是相辅相成的、无法割裂的，创新是创业的手段和基础，而创业是创新的载体。

案例学习

江苏镇江360大健康管理中心守护居民健康
获评全国基层卫生健康优秀创新案例

2022年2月，由国家卫生健康委基层卫生健康司、健康报社主办的"2021年基层卫生健康优秀创新案例"公布入选结果。江苏省镇江市健康路社区卫生服务中心推出的"打造京口区'360'大健康管理中心"工作案例，在全国众多案例中脱颖而出，一举当选。截至目前，大健康管理中心已接待居民体检5 000多人次，提供个性化健康管理的重点人群已达1 200余人。

2月23日上午，健康路社区卫生服务中心"360"大健康管理中心医生陈小燕来到尚友社区蒋贵刚老人家进行定期随诊。今年76岁的蒋贵刚看到陈小燕动情地说道："多亏了你，通过你的调理，我现在身体好多了，也能更好地照顾老太婆了，最近我过得真舒心。"原来，蒋贵刚患有糖尿病、高血压等多种较为严重的慢性病，老伴8年前就瘫痪在床，生活不能自理，儿女均在外地工作，生活上的重担全部压在了蒋贵刚肩上，导致老人对病情、对生活失去了信心。在上门走访过程中，陈小燕得知了这个情况后，立即把蒋贵刚列入"360"大健康管理中心的重点管理人群，通过制定个性化的健康管理方案，终于稳定了老人的血糖和血压。

2021年下半年以来，健康路社区卫生服务中心结合党史学习教育"我为群众办实事"实践活动，创新设立了"360"大健康管理中心，通过积极转变角色，实现了从治疗疾病到健康管理的转变。据京口区卫健委党委委员、健康路社区卫生服务中心主任朱琛平介绍，"360"的建设理念是："3"是对全人群、全方位、全生命周期的健康管理，"6"是建立预防、保健、医疗、康复、健康教育、优生优育6支高素质的专业队伍，"0"是实现健康服务的"零距离"。中心充分发挥好居民健康守门人的作用，切实做好居民的健康体检、健康指导、健康咨询以及居民健康危险因素干预、定期随诊等一系列工作。

健康路社区卫生服务中心按照打造全省专业权威的健康管理中心的定位，高标准建设"360"大健康管理中心，通过添置先进设备、优化服务流程、人性

044　双创人才成长导学

化体检环境等一系列举措，建成了全市基层社区卫生服务机构中首个专业化的大健康管理中心，并依托上海、南京等地国内知名专家团队的优质资源，为广大居民提供全过程、全方位、全周期的健康管理服务，受到辖区居民的高度评价。

（《江苏镇江："360"大健康管理中心守护居民健康获评全国基层卫生健康优秀创新案例》；百度百家号：中国江苏网官方账号，https://baijiahao.baidu.com/s?id=1725914598177892444&wfr=spider&for=pc）

 检查归纳

步骤二、工作为什么也需要三创能力

——理解创业的思维和眼界对于人生的价值。
——建立敢于向上选择，而不是向下兜底的拼搏精神。

唯创新者进 唯创新者强 唯创新者胜

党的十八大以来，习近平总书记围绕实施创新驱动发展战略、加快推进以科技创新为核心的全面创新，提出一系列新思想、新论断、新要求。在中共中央政治局集体学习时要求，"全党全社会都要充分认识科技创新的巨大作用，把创新驱动发展作为面向未来的一项重大战略实施好"；在中国科学院考察工作时强调，"深化科技体制改革，增强科技创新活力，集中力量推进科技创新，真正把创新驱动发展战略落到实处"；在地方调研工作时指出，"要深入推进科技和经济紧密结合，推动产学研深度融合，实现科技同产业无缝对接，不断提高科技进步对经济增长的贡献度"；在亚太经合组织工商领导人峰会上宣告，"我们将把发展着力点更多放在创新上，发挥创新激励经济增长的乘数效应，破除体制机制障碍，让市场真正成为配置创新资源的决定性力量，让企业真正成为技术创新主体"；等等。这些重要论断，我们必须深刻领会、全面贯彻，务求实效。

科技是国家强盛之基，创新是民族进步之魂。当前，我国全面建成小康社会进入决胜阶段，经济发展已进入新常态，既要保持中高速增长，又要向中高端水平迈进，根本出路在于创新。一方面，必须依靠创新发展，把科技创新潜力更好释放出来，有效破解产能严重过剩、资源环境约束等制约经济社会发展的系列难题，才能实现中国经济的提质增效；另一方面，也只有依靠创新驱动，才能牢牢把握发展的主动权，抓住和用好全球新一轮科技革命和产业变革的宝贵战略机遇期，在激烈国际竞争中赢得战略主动。"明者因时而变，知者

复盘评价

随事而制。"无论是形势还是大势，都要求我们必须把创新摆在国家发展全局的核心位置，不断推进理论、制度、科技、文化等各方面创新，让创新贯穿党和国家一切工作，在全社会蔚然成风，塑造更多依靠创新驱动、更多发挥先发优势的引领型发展。

创新发展是一项系统工程，涉及方方面面的工作，需要做的事情很多。最根本的是要增强自主创新能力，不能总是指望依赖他人的科技成果来提高自己的科技水平，更不能做其他国家的技术附庸，永远跟在别人的后面亦步亦趋。"自力更生是中华民族自立于世界民族之林的奋斗基点，自主创新是我们攀登世界科技高峰的必由之路。"最紧迫的是要深化科技体制改革，破除一切制约科技创新的思想障碍和制度藩篱，推动科技和经济社会发展深度融合，打通从科技强到产业强、经济强、国家强的通道。"如果把科技创新比作我国发展的新引擎，那么改革就是点燃这个新引擎必不可少的点火系。"最关键的是要培养创新型人才，完善好人才评价指挥棒作用，在创新实践中发现人才、在创新活动中培育人才、在创新事业中凝聚人才，为人才发挥作用、施展才华提供更加广阔的天地。"人才是创新的根基，创新驱动实质上是人才驱动，谁拥有一流的创新人才，谁就拥有了科技创新的优势和主导权。"

惟创新者进，惟创新者强，惟创新者胜。除了创新，我们没有别的选择。

（《南方日报》，2016年2月17日）

一、理解创新创业精神对生涯的价值

父母为什么倾尽所有让我们读大学？因为父母希望借学历让子女的未来生活有兜底。然而，对于每一位大学生来说，我们不应躺在"学历"的功劳簿上，妄想一张毕业证包打天下，止步于生命状态的下限。如果把眼光放长远，做长达30~40年的职业规划，我们会发现学历本身没有多少价值，很多岗位天花板很低，会有一种"我读的专业好像并不是那么有价值"的困惑。但如果我们对生涯发展能有一个清晰的近期规划和远期规划，就会发现，学历持有者蕴含的个人专业能力、持续学习能力、创新创业精神、自信和勇气、对梦想和目标的追逐才是价值所在，很多问题就会豁然开朗。

一方面，读大学让我们具备了一定的专业优势，为近3年至5年的职业成长找到了一个有门槛的方向，给未来进入职业上升通道奠定了好的起点。

另一方面，经济在发展、社会在进步，人这一生有很多职业选择的机会，会在很多岗位上发挥作用，我们不可能抱着这些必将过时的知识走长达30~40年的职业路。只有成为一个终身学习的践行者，不断学习，在自己的岗位上持续输出创新创造的能力，才不会被时代抛弃，被财富抛弃。很多人所谓的中年危机，就是年轻的时候没有做到未雨绸缪，等到危机来了，就无解了。

创新与创业的两重含义

第一重含义是针对个体而言的，只要实现了自我认识的革新就是在创新，只要实现了行为模式的转变就是在创业。

一个人往往是通过认识方式的转变来为自己确立新的人生目标，人们要实现人生目标就必须不断改变自己的行为方式。当一个人确立了自己的奋斗目标并努力追求它，这就是在创新创业。

第二重含义是针对社会层面而言的，即当一个人为社会提供了新认识，改变人们传统的认识方式，这就是他的创新成果；如果他为社会创造了财富，无论是精神的还是物质的，都是创业成功。

所以，第一重含义的创新创业是指超越自己和实现自己，第二重含义的创新创业是指超越了前人和发展了前人。从学理上讲，这两者是统一的，只有先实现个体层面的创新创业，才可能实现社会层面的创新创业。而从本质上讲，社会层面的创新创业仍然从属于个体层面的创新创业，只不过此时个体的认识与实践都已经走在了社会前沿。

当下社会上所普遍注重的那些科学意义上的创新，正是从社会层面上理解的"创新"。这种理解的依据在于这些创新都取得了显著效果，而个体意义上的创新创业则很难见到成效。因为个体意义上的创新创业渗透在日常生活和行为之中，从而容易被人们忽视，但这才是根本。所以，第一重含义的创新创业更具有普遍意义，更接近于哲学层面的理解。

[王洪才，郑雅倩. 创新创业教育的哲学假设与实践意蕴 [J]. 高校教育管理，2020（6），34-40.]

生命就是永不停歇的学习
——巴菲特与芒格：终身学习的典范

北京时间 2022 年 5 月 1 日晚 10 点 15 分，一年一度的投资圈盛宴——沃伦·巴菲特旗下伯克希尔·哈撒韦公司的第 57 届股东大会在美国内布拉斯加州奥马哈拉开帷幕。

今年，98岁的查理·芒格再次与92岁的巴菲特一起坐在主席台上，向全球投资人阐述对投资的一些思考和感悟，并对知名公司和热门行业进行了评论。

两个加起来即将跨过两个世纪的老人，仍然引领着金融投资的潮头。举世瞩目的成就让人们趋之若鹜。如此两位老人并不是偶然出现，巴菲特和芒格都是"知识海绵"，尽力吸收着大量的信息和智慧。巴菲特每天阅读500页书，而在他事业发展的早期，他每天的阅读量是1000页。

芒格有两条很棒的建议："成为一个终身学习者，培养自己的好奇心，争取每天都变得更聪明一点。""每天睡觉前，要比你早晨起床时候更聪明一点。"有时候坚持并不容易，但是坚定却很重要，他们是这样说的，同样也是这样做的。

亦师亦友的芒格与巴菲特可以说是互相学习互相影响，巴菲特说起过芒格如何成功的故事，"芒格还是一名年轻律师的时候，每小时能挣20美元。但他思索，谁是他最有价值的客户呢？想来想去，他觉得应该是他自己。于是，他决定给自己留出单独的一小时，每天早上研究相关的信息与学习。每个人都应该这样做，既要努力工作赚钱，也要卖给自己一个小时的时间。"

正如芒格所说："我总在想如何把一件事做得更好，即使它会在某一时间段减少我的收入。我也总会留出一些时间，用于自我的学习提升。"

两位耄耋老人，在年幼的时候开始学习，在人生的巅峰还在学习，在日趋年迈的相伴人生中，学习从未停止。他们相互鼓励，互相成就彼此，虽然拥有了巨大的财富，还一如既往学习，作为后进者的我们，还有什么理由不去提升自己。

社会的节奏在不断地变快，知识的更新迭代速度前所未有，对于每一位大学生来说，在能力圈里舒适地待着，而不去拓展，面对的可不仅仅是资产缩水的风险。去找到如巴菲特或芒格这样的伙伴吧，他会激励着你、影响着你，在成长道路上，时刻提醒你坚持，因为不懂的永远比你懂的多。

投资者芒格说：投资自己。在不够富裕的时候，用时间来投资自己，在收获了财富之后，也一定不要忘了，最大价值的投资项目一定是我们自己。

（富有国际教育，搜狐网）

你还可以通过视频学习，听听得到App创始人罗振宇在《罗辑思维：这一代人的学习》这期节目里的观点，看看关于如何实现终身学习你又收获了哪些启发。

二、工作中需要建设性的创新精神

获得幸福感的方式有很多种，从事富有建设性、创造性的工作，是人们获得幸福感的主要途径之一。建设性工作是从无到有、从0到1的过程，原本可能不存在的事物，因为一个创意、百倍努力，最终变成现实。这个创造的过程原本就是幸福的。

即便是普通的程序性工作,用创新精神去面对,同样可以获得幸福感。因为所谓的"程序"不一定是最佳方案。技术在进步、社会在发展,人们对生活的追求也越来越越高,所有的"程序"都需要升级和更新换代。如同下文提到的浦赛红,公司给她设定的"工作程序"是每天拿着苍蝇拍赶蚊子,然而她没有遵守程序、选择了研究蚊子,并最终改变了"程序"。这个改变,成就了企业、成就了她自己,也造福了社会。

拥有创新精神的人,永远对工作保持激情、不会轻易陷入职业倦怠感,这种精神状态能让我们在平凡的岗位上作出不平凡的成就。

> **案例学习**
>
> **"灭霸阿姨"成为大学导师:专注灭蚊 13 年,带火上海超市最隐秘职业**
>
> 2021 年 8 月初,上海大润发超市平型关店清管员浦赛红在自己工作的超市向顾客免费发放自制的"蚊虫作息表",被人发到了网上。随后,"超市阿姨灭蚊 13 年研究蚊虫作息表"的话题登上微博热搜,引来众多网友赞赏,"术业有专攻""把平凡的事情做到极致,也能成为专家""再渺小的工作也能干得精彩"……浦赛红从一名默默无闻的超市清管员,变成了大家口耳相传的"工匠阿姨""灭霸阿姨"。
>
> 上海大学管理学院关注到了浦赛红的故事,他们几次三番找到浦赛红和她所在超市的领导,终于让这位 44 岁的超市清管阿姨站上了该院 2021 级新生迎新会的讲台,并向她颁发了校外导师的聘书。
>
> 刚上岗时,超市给她配备的工具是最简易的塑料苍蝇拍。别人拿到这种"原始工具",顶多按部就班地在卖场里挥挥拍子,保证不出现蚊虫聚集即可,但浦赛红不满足于此,她想从源头上防治蚊虫。
>
> 从清晨到深夜,她总在观察蚊子的行动轨迹、行为特点,并仔细记录,总结出了一套"蚊虫作息规律"。她还归纳出了蚊虫在不同季节的不同习性,就连蚊子最喜欢的温度、湿度范围,都精确掌握。
>
> 了解完"对手",浦赛红又开始"利其器"。从最初的苍蝇拍开始,她尝试了不下 50 种工具。市面上现成的灭虫工具不够,她就想办法自制,比如在盆里放入兑了洗洁精的水,再把蜂蜜涂抹于盆口,蚊子被甜味吸引而来,很快就困于黏稠的泡沫水中。她还发现,蚊子最喜欢鲜艳的黄色,就将黄色的粘虫纸剪成水果形状放在蔬果生鲜附近。蚊子寻色而来,自投罗网,浦赛红管这招叫"色诱"。
>
> 浦赛红兢兢业业的工作态度触动了很多人,"爆火"之后的两个礼拜,前来采访的媒体络绎不绝,在卖场里认出她的顾客也多了很多,浦赛红一下成了名人。然而在她看来,自己却没有什么变化。一周 40 小时的工作,防虫防鼠、巡视消杀,她更加精益求精。
>
> (上观新闻,2021-09-17,https://export.shobserver.com/baijiahao/html/405988.html)

心得记录

心得记录

请思考并回答以下问题：
1. 浦赛红对工作的态度、工作方法与一般员工有什么不同？
2. 这则案例给你什么启示？

三、工作中需要敢于担当的创业精神

有关创业者的定义

创业者都是富有远见的；

创业者都是冒险家；

创业者是卓越的预言家；

创业者与众不同；

创业者大多是基于持续行动和不断调整的；

创业者更愿意控制现有资源，应对不确定性；

创业者不做预测，而是生命的掌控者；

人人都可成为创业者。

（斯图尔特·瑞德，萨阿斯·萨阿斯瓦斯，尼克·德鲁，等. 卓有成效的创业 [M]. 新华都商学院，译. 北京：北京师范大学出版社，2015）

谋生也许是一种被迫行为，因为它是一个人难以逃避的课题，但创业则是一种主动行为，是在自己认识到自己的价值或潜能之后主动采取的行动，而行动过程也是验证自己认识的过程，同时也是丰富自己认识的过程。这个行动过程不仅是在进行创业，同时也是在进行创新，因为每一个行动都在挑战自己的传统认知，其过程具有创新的相关特征。如此，创新创业实质上就是一体的活动，故而不存在只有创业而没有创新的活动，也不存在只有创新而没有创业的活动。在现实中，人一旦认识到自己的价值就会迫不及待地去验证、去实践，这种内在动机除非在遭遇外部威胁后才会被抑制，但风险一旦降低或消除，人又会迫不及待地去实践。这是人的一种本能。

从这个意义上说，创新创业潜能人人都具有，问题在于它是否被重视，是否被开发，能否被充分表达出来。

［王洪才，郑雅倩. 创新创业教育的哲学假设与实践意蕴 [J]. 高校教育管理，2020（6），34-40］

工作中具备创业精神的人，是真正的职场精英。他们拒绝平庸，上班不会"摸鱼"、不会为了薪水而工作。他们往往胸怀宽广、格局宏大，不轻易计较得失，敢于担当。他们目标远大而明确，把所从事的工作看成人生中的重要部分，把做好事情作为工作目标，不是"老板"胜似"老板"。相对于"事不关己高高挂起"的"打工"心态，这样的"担当"更容易获得职场的认可，获得更大的舞台，在职场上走得更远。

行为工具

突破边界的逻辑层次塔

NLP（神经语言程序，Neuro-Linguistic Programming）领域的大师罗伯特·迪尔茨把人的逻辑思维分为六个层次（见图3-1）。上三层与下三层的关系就像物体和物体的影子。上三层决定下三层；改变物体，影子必然改变。

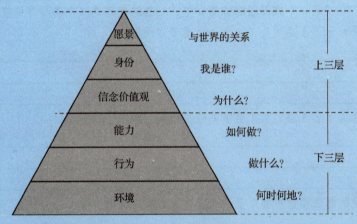

图3-1 NLP逻辑层次塔

爱因斯坦说："你无法在制造问题的同一思维层次上解决这个问题。"也就是说，要解决问题，需要思维上的升级。人与人之间的差距，往往是思维层次的差异。认知层次低的人，总是被自己眼里的现象蒙蔽双眼，看不到真实的世界。低层次的问题用高层次的思维好解决，但是高层次的问题用低层次的思维难以解决。

很多人的迷茫或者很多公司的迷茫，多是因为过于聚焦于下三层完成情况的好坏，却很少停下来对上三层做深度思考。但实际上，不管是人还是公司都是由上三层引领的。所以，读大学，不应只是为你的就业负责，更是为你的一生负责。

复盘评价

威廉·德雷谢维奇在《优秀的绵羊》这本书里用大量篇幅证明了大学绝对不是职业的跳板，因为人活着，不可能只有工作，更重要的是我们要了解自我，创建属于自己的生活。

倘若大学时光用实用主义的标准来衡量什么该学、什么不该学，这将是一种极大的浪费。德雷谢维奇在书中说道："如果你在大学毕业之际，与你入学初期并无区别，你的信念、价值观、愿望以及人生目标依旧如故，那么你全盘皆输，必须重新开始。"

大学的使命，其实是把青少年变为成人，这中间思维模式的转变极其重要，也就是我们观察世界的方法。这种观察不是视觉上的看，而是指在面对一种现象时，内心对它的感知、理解和诠释的方法。

接下来，试试用逻辑层次塔分析你在未来职场可能面临的一个场景。看看你是如何解决问题的。

老板说："做一个校园招聘方案，把活动思路整理成一个思维导图交给我。"

1. 聚焦于下3层的员工会首先考虑哪些问题？
_____
_____
_____

2. 聚焦于上3层的员工会首先考虑哪些问题？
_____
_____
_____

3. 谁的想法能够更高质量达成工作目标？为什么？
_____
_____
_____
_____

步骤三、怎样在岗位上持续输出三创能力获得价值

——能够日拱一卒，在每一个岗位上找到自己的创业机会，形成创业精神。

一、工作本身就是创业

有这样一类人，他们认为工作是帮老板赚更多的钱，所以他的目标是能"忽悠"客户、"忽悠"老板等人就行。如果你能理解工作的价值在于获得和积累我们自

身解决问题的能力,感恩企业为我们提供了无风险、无成本的优化发展平台,你在工作中就会变得"求知若渴、更求甚解",你就会比别人更用心、更深入、更专业。

真相就是:工作中,你让企业赢,企业就会让你赢;你让社会赢,社会就会让你赢。

你要有站在企业(平台)上的潜质,也要拥有脱离企业(平台)的能力。企业(平台)的价值不等于自己的本事。每个人真正需要看清并且坚持不懈追求的,应该是当离开一家企业、一个平台之后,你所具备的格局、展现的状态、创造价值的能力。

所以,你要时常问自己3个问题:

(1)假设你所处的岗位没了,你能干什么?

(2)假设你所在的公司没了,你能干什么?

(3)假设你所在的行业没了,你还能干什么?

如果一个都回答不上来,那么要当心了,因为离开企业(平台),你可能什么都不是。

故事一

有一天,一位世界富豪拿出了一张200万美元的支票给他即将退休的司机,他兢兢业业干了这么多年,富豪希望他能以此安度晚年。结果司机说不用了,一两千万美元自己还是能拿得出来的。富豪很是诧异地问他,你每个月只有五六千美元的收入,怎么能存下这么多钱?

司机回答说:"我为您开车这么多年,您在后面打电话说哪个地方的地皮可以买的时候,我也会跟着买一点;您说哪只股票可以买的时候,我也会跟着买一点。到现在我已经有一两千万美元的资产了。"

故事二

一名男子站在地铁口,用小提琴演奏着巴赫的几首曲子,并在身边放了一顶帽子,以示乞讨。在接下来45分钟的时间里,大约有2 000个人经过,但只有6个人停下来听了一会儿,最终也只有20个人给了钱就匆匆离开了,他总共收到了32美元。

没有人知道,这位卖艺者是世界上最伟大的音乐家之一约夏·大卫·贝尔(Joshua David Bell),他演奏的是一首世上最复杂的作品,用的是一把价值350万美元的小提琴。而就在两天前,贝尔在波士顿一家剧院演出,所有的门票全部售罄,想要聆听他演奏同样的乐曲,每人则要花200美元。

今日资讯

学习计划

请思考并回答以下问题：
1. 结合"个人发展"与"平台"的关系，说说你有哪些心得感受。
2. "无论职场还是做人，离开了平台你什么都不是。"这句话你认同吗？为什么？

创业精神

1. **创业精神的定义**

   创业精神是指在创业者的主观世界中，那些具有开创性的思想、观念、个性、意志、作风和品质等。激情、积极性、适应性、领导力和雄心壮志是创业精神的五大要素。

2. **创业的精神内涵**

   哲学层次的创业思想和创业观念，是人们对于创业的理性认识。

   心理学层次的创业个性和创业意志，是人们创业的心理基础。

   行为学层次的创业作风和创业品质，是人们创业的行为模式。

3. **创业精神的三个主题**

   第一个主题是对机会的追求。创业精神是追求环境的趋势和变化，而且往往是尚未被人们注意的趋势和变化。

   第二个主题是创新。创业精神包含了变革、革新、转换和引入新方法，即新产品、新服务或者是做生意的新方式。

   第三个主题是增长。创业者追求增长，他们不满足于停留在小规模或现有的规模上，创业者希望他的企业能够尽可能地增长，员工能够拼命工作。因为他们在不断寻找新趋势和机会，不断地创新，不断地推出新产品和新的经营方式。

   （词条"创业精神"，百度百科）

喜茶创始人聂云宸：从专科毕业到干出600亿独角兽，我用了11年

从广东小城江门街边的一家小店，到如今海内外60多个城市超800家门店，聂云宸把一个看似普通的生意做出了奇迹。而这个奇迹的背后到底有着怎

样的秘密？聂云宸的一句话或许可以让我们管中窥豹："我只在意最大的事和最小的事。最大的事是品牌战略，最小的事就是细节，小到一些横幅、装修和文字细节。"

2012年，聂云宸关掉了手机店，开了第一家属于自己的奶茶店，并取名为"皇茶"，寓意"最好的茶"，走的是高端精品路线。

为了招揽生意，聂云宸在皇茶开业的前三天做了大量优惠活动，发传单、喇叭广播、路边拉客，也的确吸引了不少消费者。然而三天后，优惠期一过，皇茶却是没了顾客。最糟糕的时候，店铺一天只有20元的营业额。

其实在当时，虽然奶茶行业没有现在这般火爆，但也逐渐开始崭露头角，成为年轻人的心头好。然而当时的皇茶与其他奶茶品牌相比，并没有什么太大的优势。而且对于消费者而言，已经养成了一定的消费习惯，大多会选择熟悉的奶茶店进行消费。因此略显平庸的皇茶，自然无法从众多奶茶中脱颖而出。

那时，聂云宸问了自己一个问题："假如世界上没有人开过奶茶店，我第一个开，我会怎么做产品、选料、做流程？"聂云宸沉下心来。他一方面研究市面上主流饮品店的产品，一方面在奶茶口味上下苦功。他四处寻找客户的评价，然后不断改进，最多时一天修改6次配方，自己喝掉20杯奶茶。

经过一番努力，聂云宸发现，芒果跟芝士是点单量最大的配料，他如同发现了新大陆一般，创新性地将芝士跟奶盖搭配。终于，喜茶推出了一个在当时属于颠覆性的产品——首创芝士奶盖茶。新鲜的芝士、鲜奶，再加茶叶现泡茶底，这杯茶一经推出，广受好评，彻底挽救了门店冷清的生意。

皇茶火爆后，跟风者数不胜数。虽然名字取得一样，产品样式也颇为类似，但山寨皇茶毕竟只是李鬼而已，在口味上并不过关，以至于广大消费者开始对聂云宸的"皇茶"产生怀疑。

对于这个困扰已久的问题，2016年，聂云宸作出了一个惊人的决定——放弃已经成名的皇茶的名字，更名为"喜茶"，并注册商标。同年8月，喜茶获得了IDG等资本的1亿元融资，估值破10亿元。2017年2月，喜茶上海店正式开业，打破了多项奶茶零售纪录。此后，喜茶的发展愈发迅速，几乎是进入一个城市，便会出现排队数小时盛况。

2021年，最新一轮融资中，喜茶以5亿美元的融资刷新了中国新茶饮的融资估值纪录，估值高达600亿元。截至2021年三季度，喜茶门店数量已经突破800家。

SIAL 2022《新式茶饮品牌经营白皮书》数据显示，基于旺盛的消费能力，预计2023年，新式茶饮规模将有望突破1 400亿元大关。新式茶饮凭借高颜值、多样口感、新鲜现制、拥有"情绪价值"等特点，成为近年来最受年轻消费者欢迎、增长速度最快、潜力最大的赛道。

 心得记录

心得记录

> "早期创业最大艰难来自焦虑，焦虑可能来自想走很远的路，但你发现只走了一两步。"聂云宸在公开演讲中说。后来他慢慢悟出道理，开始相信一万小时定律：只有把某件事当作一种习惯，才能对抗枯燥和焦虑，不被惰性裹挟。
>
> 聂云宸平时花时间最多的三个方面是产品、品牌和运营。在他看来，喜茶之所以能有今天的成绩，产品是起点，运营是基础，品牌是核心。
>
> 回想2012年，当喜茶还只是江门一间小店时，聂云宸对员工说："这里，是一个品牌诞生的地方。"当时，大家都捂着嘴笑了。
>
> 但现在，嘲笑的声音再也不会出现。
>
> 喜茶，已然成为一个冉冉上升的新兴品牌。
>
> 聂云宸，也用他偏执和不服输的精神，书写了属于"90后"的传奇。
>
> （微信公众号：邱处机，2021-07-19）

"创业精神"就是你的"职业精神"。吃苦、拼命、熬夜、求人、看客户脸色、被老板恶批，哪一样都不好受。但是，在岗位上，一切都是为了自己。为自己，你就愿意去吃更大的苦；为自己，你就愿意折腾自己的生命和尊严。打工和创业从来不是矛盾冲突的，而是相辅相成的。把打工当创业，发挥学习和拼劲；把创业当打工，每天都主动去搬砖式地干活；那么，无论是打工还是创业，你都会比同行业的人优秀。

在工作中创造事业的过程是对自己通过努力积累的资源进行优化整合，从而创造出更大的经济或社会价值的过程。事业成功源于"积累"，财富只是结果。

案例学习

福布斯"精英榜"上的"90后"

孙喆，"90后"，曜立科技（北京）有限公司旗下品牌"立达融医"CIO（首席信息官），主要负责工作涵盖公司创新业务产品研发，制定公司信息化战略及合理布局，制定并带领实施公司信息化产品项目的设计、研发，针对业务流程及决策体系、执行体系等制定统一化标准，从而促进公司内外商业环境的优化与改善。

孙喆自认是一个不断学习的人，基于产品实用性和服务于医院一线的需要，他坚持深耕下沉渠道，奔波在医院手术室、病房、医生办公室之间，学习一线医护人员的工作内容，提炼设计出最有效率又能保障质量的产品功能。用短短几年时间，创新式重新定义医疗信息化产品，让22个省市的近百家三甲医院实现了信息化智慧医疗的进阶之路。他带领团队设计的数字医疗产品覆盖30多个应用场景，医护人员日使用率100%，前结构化应用率达98%以上。孙喆已然是公司"90后"群体中的中坚骨干力量。

2021年9月16日，福布斯中国发布2021年度30岁以下精英榜（Under 30），10个行业300位年轻人登上榜单，"科学和医疗健康"行业板块，孙喆成功上榜。

（《90后，低欲望值玩转榜单的"时代脊梁"》，大众新闻，2021-10-09，https://www.163.com/news/article/GLRVR3G400019UD6.html）

请思考并回答以下问题：
你认为"90后"孙喆获得如此成就的内因是什么？

检查归纳

二、学习"成功的人生"

成功之路不尽相同，千万不要把某个人的成功经验直接拿过来用，里面的偶然性太多。一个人或几个人的成功只能说是经验。但是，成功的创业者也有些共同的东西。把经过很多人实际操作后证明可行的实践上升到放之四海皆准的体系，就成了可以复制学习的理论。这套理论就像建造高楼大厦必备的一砖一瓦，我们学习的是一些必备的基本品质、思维方式。

有句话是这么说的：想成为孔子不是读孔子的书，而是研究孔子是如何成为孔子的；想成为好销售不是学好销售卖什么，而是研究好销售如何成为好销售的；想成为演说家不是学习演说家说了什么，而是研究演说家是如何成为演说家的。

大学生最大的风险是眼界的停滞。父母尚在吃苦，我们怎么能偷懒？不是所有的工作岗位都会有经验丰富的人带着前进。但只要我们不盲目跟风，正确学习成功的人生，就能获得破解成功的秘籍大全，钱和时间都不是问题。

大学生应该用创业的思维和创业的眼界去工作，在自己的岗位上"创"职业、"创"事业、"创"家业！

这里，我们推荐大学生必备的五大思维方式，分别是：管理的思维、资源的思维、杠杆的思维、创造的思维、财富的思维。

（1）管理的思维——用管理的思维成就专业。
（2）资源的思维——用资源的思维链接世界。
（3）杠杆的思维——用杠杆的思维加速成长。
（4）创造的思维——用创造的思维获得财富。
（5）财富的思维——用财富的思维赢得人生。

复盘评价

3W 黄金圈思维模型

从前面的逻辑层次塔我们知道：要解决问题，需要思维上的升级。用更高层次的思维方式才能解决真实世界的问题。3W 黄金圈（见图 3-2）则是一个更具体的思维工具，帮助我们从底层逻辑出发，从问题的本质入手，一步步解析"是什么（世界观/人生观）→为什么（价值观）→怎么做（方法论）"。

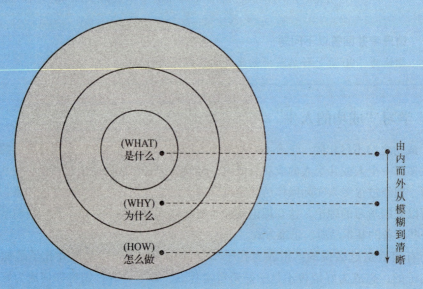

图 3-2 3W 黄金圈

解决问题的第一步，你的思维要先去最内圈，运用批判性原理和第一性原理分析一件事情或者一个现象，理解现象背后的本质；然后移去中间圈，你会以"为什么"为出发点，知道自己要做什么，找到内在动机，实现自我激励；最后去最外圈，你会思考如何做才更好。

建立了这样的思维模型，你就能成为问题的解决者、思维的领导者，就能激励和影响身边的人。

"是什么→为什么→怎么做"的解题思路比答案本身重要 100 倍，因为它们是解决问题的底层逻辑。每一次你思考和行动花费的成本都是在为你想要的世界投票。请思考并回答以下问题：

1. 你是如何看待"主播"这一岗位工作的？你将来会从事这一岗位吗？
2. 请你代入 3W 黄金圈思维模型再分析一次，看看你的想法会发生哪些改变？

任务执行评价见表3-1。

表3-1 任务执行评价

序号	评价维度	评价内容	所占分值/%	自我评价（30%）	小组评价（20%）	教师评价（50%）
1	任务完成情况	学习自觉性高，积极主动，一丝不苟。遵守时间，能在规定时间内完成并上交	10			
2	任务呈现形式	如实记录，表达准确，条理清晰，内容丰富，图文并茂，有一定的创新力	20			
3	行动工具的运用	正确使用行动工具，作业步骤清晰，能够举一反三、融会贯通	25			
4	任务成果的达成	思想上积极上进，有强烈的求知欲和进取心，能够立足专业、提升技能、夯实基础，综合素养得到全面提升	25			
5	学习小组合作情况	团队目标明确，沟通顺畅，有团队协作精神，有领导组织能力	20			
		小计				
		合计				

▷ 今日资讯

⇨ 今日资讯

任务 4
毕业去哪里 我的青春我的城（辩论赛）

● 【任务关键词】

机会

● 【行动工具包】

（1）网状与节点思维模型；
（2）复盘工具：六顶思考帽。

● 【任务成果箱】

建立"批判性思维"的底层思维。

● 【知识目标】

了解辩论赛规则和赛制。

● 【能力目标】

（1）能够运用行动工具"网状与节点思维模型"建立由点到面的思维方式；
（2）能够运用行动工具"六顶思考帽"进行独立思考，复盘辩论赛过程，形成自己的见解，并能进行正确的阐述。

● 【素质目标】

通过分组备赛与辩论展示环节，激发学生对个人生涯规划的批判性思考。

步骤一、发布辩论赛规则，分配备赛任务

——分组备赛，调动活动氛围。

一、毕业后你选择去哪里

改革开放以来,中国流动人口的数量呈不断增长的趋势。前些年,伴随城市化的发展,经济型流动人口比重不断上升,并且主要集中流向发达的大中城市和发达省区。但是,党的十八大以来,我国新型城镇化建设取得重要进展,城乡和区域进入蓬勃发展期。党的十九大提出乡村振兴战略,城乡差距进一步缩小,中国城乡社区正在发生深刻变革,早已不是落后和闭塞的代名词。到基层就业如今已经成为越来越多大学毕业生的选择,就业观念的转变折射出大时代的背景。落到每一个大学生个体,我们都会面临这样的思考和选择:毕业后,我要"打拼北上广"还是"回去建设家乡"呢?

> **课堂互动**
>
> 让我们集思广益,一起来分析"打拼北上广"和"回去建设家乡"的理由及优劣势。

二、做好辩论赛准备

接下来,我们将就"毕业后打拼北上广还是回去建设家乡"这一辩题开展一场辩论赛。备赛流程及规则可参考二维码中的辩论赛流程、规则及评分表。辩手可以参考"行动工具包",运用"网状与节点思维模型"进行备赛,开启对个人生涯规划的思考。

辩论赛流程、规则及评分表

> **行动工具**
>
> ### 网状与节点思维模型
>
> 点状思维—线状思维—面状思维—网状思维,这几个词很形象地勾画了思维境界由一个层面到另一个层面上升并逐步走向宏观、走向高屋建瓴的过程。
>
> 点状思维,想的就是一个点,也就是拘于事务。线装思维较点状思维进了一步,是在两点之间寻找一种逻辑关系,然后串成一条线,这样,解决问题就容易了一些。很多个两点之间,必然会组合成很多条线,于是就有了面状思维。所谓网状思维,考虑的并不一定是同一个平面上的线条的关系,而是可能跨平面对各簇线条的关系进行追踪。事物的特性往往是多侧面的,其侧面之多,甚至到了难以穷尽的地步。如何才能对事物进行最精确的研究,并最终提纲挈领地解决问题呢?网状思维能帮到我们。网状思维,实质就是系统思维(见图4-1)。

心得记录

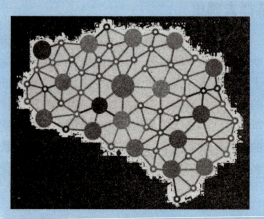

图 4-1 网状与节点思维模型

如何建立系统思维模型呢?一靠系统性学习,阅读经典而严肃的著作,并非浅尝辄止;二靠关联性思考。在整个网状系统中,有些点对系统影响比较大,我们称它为"主要节点",有些点对系统影响比较小,我们称它为"次要节点"。

网状与节点的思维方式,就是在分析问题时能找到影响问题的主要节点、次要节点等多重信息,从而进行较立体全面的思考。

网状与节点的思维方式可以帮助我们全方位梳理"打拼北上广"或"回去建设家乡"的优劣势,丰富论点论证,帮忙我们从更多维的角度进行个体选择的思考,从而作出更适合自己的决定。

作为一名决策者,我们需要具备网状思维,善于把握住主要节点、次要节点等影响我们作出决策的重要信息。

请从你的专业出发,以"就业去向"为目标设定,罗列影响你作出最终决策的主要节点和次要节点,如国家政策、产业趋势、人力资源市场供需情况、专业学习与发展情况、个人的择业观、个人综合素质情况等。

1. _____
2. _____
3. _____
4. _____
5. _____
6. _____

步骤二、主题辩论

——辩论展示环节，激发学生对个人生涯规划的批判性思考。

——批判性思维的运用。

批判性思维需要刻意练习，是后天形成的习惯。辩手、嘉宾、主席、观众都可以尝试将批判性思维运用于辩论赛中。

心得记录

批判性思维

批判性思维（Critical Thinking）就是通过一定的标准评价思维，进而改善思维，是合理的、反思性的思维，既是思维技能，也是思维倾向。最初的起源可以追溯到苏格拉底。

批判性思维指的是技能和思想态度，没有学科边界，任何涉及智力或想象的论题都可从批判性思维的视角来审查。批判性思维既是一种思维技能，也是一种人格或气质；既能体现思维水平，也凸显现代人文精神。

运用批判性思维有四大要点。

（1）批判对事不对人，针对的是"事实、观点、推理、逻辑"。

（2）建立批判性思维要拒绝一切形式的偶像崇拜，包括名人、机构、书本、已故名人、思想体系、大众（大众是一个容易被忽略的权威，人的行为很容易被大众的思想和行为所影响而不自知，如随大流、羊群效应等，所以在思想上需要和大众保持适度的距离）。

（3）所有信息都具有两个特征：信息的不完美和信息的不完全。

（4）逻辑推理的前提假设和隐含的价值立场，是逻辑推理的前置条件。也就是说，如果推理的条件中已经蕴含了价值立场，那推理的结论就会有偏差，容易产生先入为主的偏见。

（[美]布鲁克·诺埃尔·摩尔，理查德·帕克. 批判性思维[M].
北京：机械工业出版社，2020）

步骤三、点评与自我总结环节

——通过点评与自我总结，总结思考升华自我。

——辩论赛的总结及复盘。

辩论赛后，我们需要做一个总结与复盘，总结我们从辩论中获得的新视角、新认知、新感悟、新体验。在此推荐一个讨论工具——六项思考帽。

检查归纳

行动工具

复盘工具：六顶思考帽

六顶思考帽（见图4-2）是"创新思维学之父"爱德华·德·博诺（Edward de Bono）博士开发的一种思维训练模式，或者说是一个全面思考问题的模型。它提供了"平行思维"的工具，是一种简单有效的平行思考程序，强调的是"能够成为什么"，而非"本身是什么"。六顶思考帽只允许思考者在同一时间内做一件事情。思考者要学会将逻辑与情感、创造与信息等区分开来。戴上任意一顶帽子都代表着一种特定类型的思考方式，确保思考更专注、效率更高。

六顶思考帽可用于企业的会议、决策、沟通、报告，甚至影响个人生活。在团队应用中，讨论性质的会议往往意味着激烈的思维和观点的碰撞、对接，导致会议常常难以达成一致，这往往不是因为某些外在的技巧不足，而是成员间对他人观点的不认同造成的。六顶思考帽就成为特别有效的沟通框架。作者建议所有人要在蓝帽的指引下按照框架的体系组织思考和发言；可以让任何一个人戴上帽子采用某种思维或者摘下帽子结束思考；发言者一次只戴一顶思考帽，只表达一个思考方向，针对解决一个问题。会议中应用六顶思考帽不仅可以有效避免冲突，压缩会议时间，也可以加强讨论的深度，将一个话题讨论得更加充分和透彻。

六顶思考帽的颜色分别是蓝色、白色、红色、黄色、黑色和绿色，六种颜色代表六种不同的思维模式。任何人都有能力使用这六种基本思维模式。

蓝色思考帽负责控制和调节思维过程。它负责控制各种思考帽的使用顺序，它规划和管理整个思考过程，并负责做出结论。

绿色代表茵茵芳草，象征勃勃生机。绿色思考帽寓意创造力和想象力。它具有创造性思考、头脑风暴、求异思维等功能。

白色是中立而客观的。戴上白色思考帽，人们思考的是关注客观的事实和数据。

红色是情感的色彩。戴上红色思考帽，人们可以表现自己的情绪，人们还可以表达直觉、感受、预感等方面的看法。

戴上黑色思考帽，人们可以运用否定、怀疑的看法，合乎逻辑地进行批判，尽情发表负面的意见，找出逻辑上的错误。

黄色代表价值与肯定。戴上黄色思考帽，人们从正面考虑问题，表达乐观的、满怀希望的、建设性的观点。

图4-2　六顶思考帽

任务成果

在学习新知识的过程中，我们需要一套既周全又简洁快速的思维工具把问题、事件、知识、研究所涉及的因素梳理清晰。"网状与节点的思维方式"让我们以主人翁的角度抓住主要影响因素并作出决策，"六顶思考帽"则让我们跳出选择圈，以第三者的角度重新审视这一决策。

1. 请分享：辩论赛前后，你的毕业去向决定是否发生变化了？如果有请说明理由。

2. 请用行动工具"六顶思考帽"对辩论赛进行总结和复盘。你有1分钟的时间选用任一颜色思考帽对刚才这场辩论的正反方观点进行评价，阐释你的见解，让辩题内容更加丰富、视角更加多元，加深大家对这一辩题的批判性思考。

复盘评价

（一）逃离北上广？要走你走，反正我不走

大城市交通堵、房价高、空气质量差，为什么每天仍有那么多年轻人像疯了一样往那里跑？

美国评论家简·雅各布斯曾写过一本著作《美国大城市的死与生》，这本书被誉为城市学理论的奠基之作。在书中，她指出城市不是一栋栋冰冷的高楼大厦，而是一个个空空的容器，人们可以在里面彼此交流互动，也正是在这些面对面的真实交流和互动中，新的思想会不断被碰撞出来。所以，简·雅各布斯认为，人口密集会加速知识的产生。在此基础上，她创造了一个很新的名词，叫作"知识溢出"。后来全球专利问题专家亚当·贾菲针对简·雅各布斯提出的"知识溢出"理论进行了深入研究，由此，亚当·贾菲计算出一个公式：城市人口密度每增加50%，人均生产力就可以增加4%。

今天是互联网主导的世界，几乎所有知识都会以最快速度传递到全世界的每一个角落。那为什么人们还要频频聚在一起，面对面了解信息呢？这就是简·雅各布斯所谓的"知识溢出"，人与人进行现场交流，语言的相互碰撞和知识的互相交融，会诞生新的创意和想法。这就是大城市的魅力。它就像一个才华绞肉机，在血肉模糊之中，大部分人会被淘汰，只有少数人会像钻石一样被提炼出来，而这正是青春的野生梦想。

（微信公众号：吴晓波频道，2017年3月20日）

（二）《人民日报》点赞返乡创业大学生青年助力乡村振兴

2022年5月16日，《人民日报》"我们的新时代"专栏刊发通讯《在乡村振兴舞台上大展身手》，点赞福建省霞浦县返乡创业大学生叶周敏，通过母校的创业帮扶，实现养殖模式数字化升级，在宁德这片海域"热土"上实现"深蓝梦"。

宁德地处福建东北部沿海，被誉为"大黄鱼之乡"。可传统方式养殖地处于内海、养殖密度大，产出的大黄鱼肉质一般、土腥味浓，"一斤只能卖15元。"叶周敏介绍，与之有着鲜明对比的是，野生大黄鱼每斤能卖一两千元。能不能改变传统方式，养出接近乃至比肩野生品质的大黄鱼？

品质差异，关键在水质。能否把大黄鱼养到更远、更优质的海水中？2017年，上大二的叶周敏跟父亲一道，开车遍寻宁德海岸线的角角落落。整整一年时间，行驶距离超4 000公里。理想中的那片海，终于在霞浦县斗米村找到了——海域靠外，北边又有小岛可挡台风。

2017年9月，叶周敏创办了大渔丰水产养殖有限公司，在这片海投下了两箱鱼苗。同步"颠覆"的是养殖模式——舍弃传统小箱密养，采用宽达3 600平方米的大鱼箱，更好地模拟野生环境。全新尝试回报丰厚，2018年年底，首批大黄鱼销售一空，公司销售额迅速突破百万元。

渔歌起调昂扬，波折却也随之而来。2019年，大学毕业的叶周敏准备大干一场。"投入两年积蓄，又贷款300万元，将养殖网箱扩大到5个。"没承想，遇到了养殖技术的新瓶颈。"采用大网箱养殖后，鱼苗情况、海水质量等更加难以检查。稍有不慎，鱼苗便会生病。"叶周敏说，一次突发的鱼苗生病就造成了近千万元损失。

一筹莫展之际，2020年6月，母校伸出援手，先后十几位专家实地调研后，提出将养殖经验与数字科技相结合，实时监控鱼群生长动态和水域水流环境。

"利用学校提供的数字技术，我们在养殖网箱内安装监控系统，实时监测水温、流速、盐度等数据，随时调整养殖方式。"叶周敏介绍，"例如，大黄鱼进食量会根据水温变化。以往我们只能凭经验喂食，现在则根据监测数据调整，饲养精准度大为提高。"

校企合作，养殖模式数字化升级，叶周敏2021年卖出价值3 000多万元的大黄鱼。作为校企合作典型项目，渔场也成为闽江学院教学基地，"学校有关科研项目有了全新实践场所。"何伟说。

2022年6月14日，人民网发表评论员观察《青年返乡创业，助力乡村振兴》，再次点赞和叶周敏一样回乡创业青年。有"从大山走出来又回到大山"的彝族小伙立克拢拢，帮助所在村庄的115户612名贫困群众脱贫，推动村集体资产从零增至231.7万元；"90后"返乡创业青年袁小梅从城市回到农村老家，发展养蜂产业，帮助乡亲致富；湖南省花垣县十八洞村的苗家女孩施林娇大学毕业后主动回到村里创业，通过拍摄短视频、直播等方式，让家乡的风景、美食、民俗、建筑为更多人所知……如今，越来越多的年轻人选择返乡创业，在实现自身梦想的同时，带动乡亲们就业致富。

习近平总书记强调:"推动乡村全面振兴,关键靠人。"广袤的田野,蕴藏着无限的机遇与希望,为许多人提供了人生出彩的舞台。农业农村部数据显示,截至2022年4月,全国各类返乡入乡创业人员超过1 100万。《"十四五"农业农村人才队伍建设发展规划》明确提出,到2025年,培育100万名农村创业带头人,返乡入乡创业人员1 500万人。从发展种植养殖业、开办农家乐,到成为非遗传承人、发展农村电商,再到开发乡村旅游、创办小微企业……近年来,越来越多返乡创业人员用坚持、专业和热爱在农村挥洒汗水,为乡村振兴注入了强劲动能。

(《人民日报》,2022-05-16;人民网,2022-06-14)

 学习计划

任务执行评价

任务执行评价见表4-1。

表4-1 任务执行评价

序号	评价维度	评价内容	所占分值/%	自我评价(30%)	小组评价(20%)	教师评价(50%)
1	任务完成情况	学习自觉性高,积极主动,一丝不苟。遵守时间,能在规定时间内完成并上交	10			
2	任务呈现形式	敢于表达,条理清晰,发散思维、内容丰富,有一定的创新力	20			
3	行动工具的运用	正确使用行动工具,作业步骤清晰,能够举一反三、融会贯通	25			
4	任务成果的达成	思想上积极上进,有强烈的求知欲和进取心,能够立足专业、提升技能、夯实基础,提高自身口头表达能力,综合素养得到全面提升	25			
5	学习小组合作情况	团队目标明确,沟通顺畅,有团队协作精神,有领导组织能力	20			
		小计				
		合计				

下

能力修炼篇

"知者行之始，行者知之成。"

——《传习录》

一堂守住儿童食品伦理底线的思政大课

2020年突如其来的新冠肺炎疫情全面唤醒了人们的健康安全意识。《中华人民共和国食品安全法》(2021年修正)的立法宗旨是为保证食品安全,保障公众身体健康和生命安全。2022年3月,中共中央办公厅、国务院办公厅印发的《关于加强科技伦理治理的意见》进一步表明,健康安全不仅可以满足人们对绿色环保生存环境的要求,更是后疫情时代经济可持续发展的关键。

著名儿童教育专家蒙台梭利在《童年的秘密》中提道:"来自儿童的研究成果之所以影响更加巨大,是因为它可以触及人类的所有问题。"儿童健康成长不仅承载着一个家庭的稳定和希望,也代表了国家发展的未来。儿童享有健康权、食物权等一系列基本权利。但长期以来,社会对儿童群体的食品安全问题关注度并不高。我们理应将儿童食品安全利益置于整个国家大安全观的核心位置来考量,广东食品药品职业学院工信部就业创业创新示范实践基地(儿童健康食品方向)项目组为了守护未成年"舌尖上的安全",结合国家乡村振兴战略,在莽山开展了基于儿童食品伦理的系列创新实践。

一、传承与弘扬以"善"为本位的中华优秀传统文化

1. 秉承"民以食为天,食以安为先"古训,遵从"商品即人品"的内在价值

中国传统道德的旨归之一,就是行善。食品道德伦理是社会公德的要义之一。严重威胁公众健康的食品安全事件令人痛心疾首,食品领域的伦理道德和社会责任问题尤为令人担忧。加固社会道德体系塔基势在必行。儿童食品安全伦理需要现实世界的制度约束,同样需要精神世界的高度自律。食品安全的危机感让金牌律师何勇弃百万年薪,于2009年深入莽山原始次森林潜心研究,选定国家保护品种——湘西黑猪与当地莽山野猪杂交,历经5年,选育成含有野猪基因的"莽山黑豚",探索出一条独特的"山区生态平衡式古法牧猪"之路,并在2014年创建莽山黑豚馆,开启体验营销模式。客户不但可以在黑豚馆"素刷素蒸"品尝"莽山黑豚"的高品质,还能通过互联网24小时不间断的视频直播在线体验和监督莽山基地古法放牧。

2. 倡导积极健康的食品安全伦理,校企牵手成立创业基地,共谋深度食品安全伦理合作

基于对莽山黑豚养殖基地、跳石子瑶寨莽山黑豚馆、黄家畔村瑶族文化特色村的高度认同,2016年广东省食品药品职业学院与莽山土里巴吉黑豚公司共谋深度合作,签订了合作协议,把莽山土里巴吉作为教学实习基地和学生创新创业基地,聘请土里巴吉董事长何勇为客座教授,拉开了校企合作新序幕。将教学实习点建在这

里，大学生们不仅能学习莽山黑豚在牧养、运营、营销等方面的高科技新农业技能，更是能在生产实践中巩固和传承传统文化，增长包括畜禽养殖、中医中药、农产品开发、健康伦理、农旅融合、少民民族文化、诗词歌赋、古典音乐等各种跨界新知。

二、破解与摒弃以"利"至上的西方现代科技的桎梏

当前我国儿童食品面临的科技伦理挑战日益增多，其伦理治理仍存在体制机制不健全、制度不完善、领域发展不均衡等问题，难以适应科技创新发展的现实需要。为此，必须以习近平新时代中国特色社会主义思想为指导，将"增进儿童福祉"作为食品安全伦理的首要原则，深入贯彻党的十九大和十九届历次全会精神，进一步完善食品安全伦理体系，提升伦理治理能力，有效防控食品安全伦理风险。

1. 采用中医养殖的有机方法，遵循安全、环保、绿色、自然的原则，尊重人的生存权和人格权的尊严性价值

莽山黑豚饲养全程大力推广绿色清洁产品，不仅探索出了适合南方山区的"古法放牧"模式，而且成了食品安全的代名词。黑豚养殖全程使用中草药防治疾病，不种疫苗，不用抗生素，不用激素，不用其他西药；用发酵料补饲，麦麸、玉米、稻谷、黄豆，通过酵母菌、乳酸菌联合发酵，不用商品饲料；全程24小时放牧，只建仿生猪窝，遮雨挡雪，不设圈门，冬天无保暖措施；野外生产，不接生不护理，养足12个月后才出栏上市。如此模式出栏的莽山黑豚，风味特别原生态，肉质鲜美、皮脆肉香。

2. 秉承生态环保理念，传播有机农业知识，为南岭走廊山区的乡村振兴做了有益探索

基于在发展过程中可能面临的资源环境短板——土壤退化酸化、地力下降、农业面源污染等问题，土里巴吉生态公司充分发挥村民的主体地位，积极展开与广东中药研究所、湖南农业大学等科研机构合作，注重林下资源的整合与现代科学技术的应用，强调产品品牌化建设，打造出高端的黑豚产业经，其产品具有生态、环保、自然、安全等显著优势，实现了农产品有效供给和资源环境有力保护的双赢。

3. 响应中央一号文件，走在农业供给侧改革前沿，提供消费者需求的高质绿色食品

生态是莽山最亮的名片，林下经济是瑶山最大的优势。土里巴吉公司坚持大力推广绿色清洁产品，实现农产品的有效供给和资源环境的有力保护，逐步培育出原生态的系列特色产品，提炼出了适合当地瑶寨的共同富裕模式。

三、正本清源，落实食品安全伦理，让儿童成为受保护的利益主体

《中华人民共和国食品安全法》及其配套的《中华人民共和国食品安全法实施条例》已出台，但目前的食品标准体系中仅涉及婴幼儿食品安全标准。国家对于3岁以上的儿童食品，并没有针对性标准，其主要依据还是《中华人民共和国食品安

全法》《食品添加剂使用标准》(GB 2760—2014)等成人版法律法规。可见,保障儿童食品安全是一项系统性和长期性工作,需要我们久久为功。

通过莽山实践,以下经验值得借鉴。

(1)建立合理充分的儿童食品伦理工作程序,加强伦理委员会委员的资质管理,强化伦理审查会议及其决议过程的记录规范性等,有助于儿童全健康伦理审查质量的提高。

(2)推动设立中国儿童食品安全伦理学会,建立利益攸关方合理的参与机制。强化科技伦理审查和监管,推动在科技创新的基础性立法中对食品安全伦理监管、违规查处等治理工作做出明确规定,及时推动将重要可行的科技伦理规范上升为国家法律法规。

(3)成立"一校两院",即"儿童全健康家长学校、儿童全健康人才发展研究院、儿童全健康科创孵化研究院",构建儿童健康食品市场运营生态链,为儿童和青少年营造健康的食物环境。

基于儿童食品安全监管是世界性的难题,我们应当着眼于一种新型安全机制的建立,以人的生命为本,守住儿童食品伦理底线。它是中国传统养生文化与西方生物科技文化的有机结合,其核心是一套积极的生命哲学,既包含指导人们打开具有正能量的生活方式的内在动力,又能够使科技产品服务于人的健康,确保我们下一代健康快乐成长。

只有扎根中国大地,以时代为观照,才能辩证把握健康与伦理的关系,为突破泊自西方现有理论的桎梏、实现理论创新提供异常丰富的经验资源与重要支点。

项目三　摸底子

【项目导读】

　　同样一项任务，不同的人会做出不同的结果。从细处看，是做事方式不同；从大处讲，是被不同信念、信仰影响的结果。面对纷繁复杂的工作情景、人际环境，如何理解其背后的规律，提高驾驭人、事、物的本领，达成你最期待的效果，是非常值得修炼的一课。

　　为人处世最忌讳的就是"天不怕地不怕，情况不明决心大"。出现失误，往往就是情况不明、底数不清。摸底子，就是先把情况搞清楚。只有做到情况明、底数清，才能从根本上保证决策的科学性，提高想问题、做决策、办事情的能力。本节，我们将使用几个比较实用的工具"观自我"，看清、激发、提升、成就自己。

　　成长，总是痛苦的。但是不成长，一定更痛苦。连痛苦都能成为朋友，我们还有什么不可实现的呢？

今日资讯

任务 5
找到你的天赋和潜能（性格测评）

● 【任务关键词】

　　天赋

● 【行动工具包】

　　（1）DISC 性格测评工具；
　　（2）建立价值金字塔的钉子法则。

● 【任务成果箱】

　　建立长板的思维方式：优势才是王道。

● 【知识目标】

　　（1）了解三种不同的性格测评工具；
　　（2）能够说出斜木桶理论的定义。

● 【能力目标】

　　（1）能正确使用行动工具"DISC 性格测评"认识自我性格特质；
　　（2）能够运用行动工具"钉子法则"定位与开发自己的天赋优势。

● 【素质目标】

　　（1）借助行动工具"DISC 性格测评"了解自己的思考和行为模式，具备客观剖析自我的能力；
　　（2）能够识别周遭亲友、同事、伙伴不同的性格特质和行为属性，进而能够接受、欣赏他人的优点并找到相处之道，达成社交共识。

步骤一、性格测评是什么

学习计划

——了解性格测评工具。

课堂互动

请课代表在教室四角分别贴上不同颜色的纸条。其中，白色代表"否定"；黄色代表"倾向于否定"；蓝色代表"倾向于肯定"；绿色代表"非常肯定"。

请同学们用第一直觉得出自己的答案，依次站到教室对应的角落。
1. 我总是在生活中有创新的想法。
2. 我觉得沟通是一件成本非常高的事。
3. 喜欢就去做，下决心不需要太多理由。
4. 事情没有稳妥规划之前，我不会轻易行动。

请思考并回答以下问题：
我是谁？为什么我们在同一个问题上会有不一样的答案？

一、性格的定义

性格是一个人对现实的稳定的态度，以及与这种态度相应的、习惯化了的行为方式中表现出来的人格特征。它主要体现在对自己、对别人、对事物的态度和所采取的言行上。

人的性格特征各有不同，每个人都会沿着自己所属的性格类型发展出个人行为、技巧和态度，而每一种性格也都存在着自己的潜能和盲点。人们可以通过性格测评系统，运用科学的心理学理论、标准化的手段来了解自身性格特点，挖掘自己的优势和潜能。

用好自己的性格

要做自己性格的主人，不要做自己性格的奴隶。一个人做自己性格的主人，也就是尽可能地做了自己命运的主人。

一个人性格的所谓优点和缺点是紧密相连的，消除了其中一面，另一面也就不存在了。所以，在享受性格之利的同时，承受性格之弊，乃是题中应有之义，只需把这个"弊"限制在适当的范围内就可以了。如何限制？就是发扬性格本身的长处。抑制短处的真正力量也在此。

项目三 摸底子　075

心得记录

> 每一个人的长处和短处是同一枚钱币的两面,就看你把哪一面翻了出来。也就是说,就每一个人的潜质而言,本无所谓短长,短长是运用的结果,用得好就是长处,用得不好就成了短处。
>
> 一个人不应该致力于改变自己的性格,最好的办法是扬长避短,把长处发扬到极致,短处就不足为虑。事实上,在相同性格类型的人里面,既有成大事者,也有一事无成者,原因多半在此。
>
> 每个人的个性是一段早已写就的文字,事件则给它打上了重点符号。
>
> (周国平,《用好自己的性格》,新浪博客,https://blog.sina.com.cn/s/blog_471d6f680102ek08.html,2014-05-12)

二、常见的性格测评工具

当前被广泛运用的性格测评工具有 MBTI 职业性格测试、霍兰德职业兴趣测试、DISC 性格测试等。

1. MBTI 职业性格测试

迈尔斯-布里格斯类型指标(Myers–Briggs Type Indicator,简称 MBTI)是由美国的凯恩琳·布里格斯和她的女儿伊莎贝尔·布里格斯·迈尔斯研制的。这个指标以瑞士心理学家荣格划分的 8 种类型为基础,加以扩展,形成四个维度(见图 5-1),用以描述和衡量人们在精力来源、信息获取、决策判断、对待生活等方面的心理活动规律和性格类型,每个维度上包含相互对立的两种偏好。

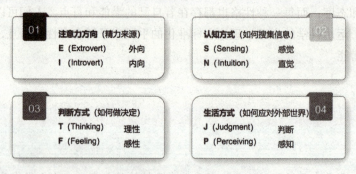

图 5-1 MBTI 的四个维度

"外向 E——内向 I"代表着人们不同的精力来源;

"感觉 S——直觉 N"代表着人们获取信息的不同方式;

"思考 T——情感 F"表示人们在判断时不同的用脑偏好;

"判断 J——感知 P"是针对人们的生活方式而言的,它判断人们在适应外部环境的活动中,是感知还是判断在发挥主导作用。

MBTI 从处事风格、特点、职业适应性、潜质等方面给受测者提供了合理的工作及人际决策建议。

2. 霍兰德职业兴趣测试

霍兰德职业兴趣测试是由美国职业指导专家霍兰德（John Holland）根据他本人大量的职业咨询经验及职业类型理论编制的测评工具。他认为，个人职业兴趣特性与职业之间应有一种内在的对应关系。霍兰德的职业兴趣理论主要从兴趣的角度出发来探索职业指导的问题。霍兰德职业六角模式根据兴趣的不同，将人格分为研究型（I）、艺术型（A）、社会型（S）、企业型（E）、常规型（C）、现实型（R）六个维度（见图5-2），每个人的性格都是这六个维度的不同程度组合。

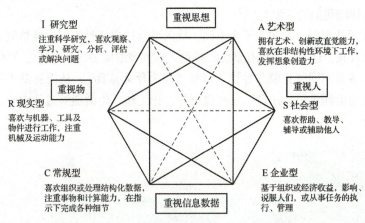

图 5-2　霍兰德职业兴趣测试的六个维度

3. DISC 性格测试

DISC 行为模式理论是一种"人类行为语言"理论，其基础是美国心理学家威廉·莫尔顿·马斯顿博士（Dr. William Moulton Marston）在20世纪20年代的研究成果。马斯顿博士是研究人类行为的著名学者，他的研究方向有别于弗洛伊德和荣格所专注的人类异常行为，DISC 研究的是可辨认的正常的人类行为。DISC 性格测试主要从支配型（D）、影响型（I）、稳定型（S）和遵从型（C）四个主要维度特质（见图5-3）对个体进行描绘，揭示个体激励因素、沟通方式、决策风格、能力特长、抗压能力等特质。目前，全球有超过 5 000 万人接受测评，已发展成为全世界最广泛采用的评量工具之一。

图 5-3　DISC 四种性格类型

步骤二、我为什么是我

检查归纳

——能够利用 DISC 测评工具对自我进行一次内观,理解"我为什么是我"。

认识自己是一个逃不开的重要人生课题。关于"我"网上有个很有意思的哲学问题:"我是谁,我从哪里来,要到哪里去?"

"我"是什么样的人?为什么"我"与别人不同?"我"是如何成为"我"的?"我"的天赋在哪里?"我"的个性是什么?为什么有时"我"感觉自己不像自己?这些问题将伴随我们的一生。

无论你承认与否,人和人天生不同,后天继续造成这种不同。性格测试工具帮助我们认识自我,这是一个很有意思的过程。能够多维度多视角看到更立体的自己,看到每个人各自不同的禀赋与性情,理解"我为什么是我",从而有助于我们更好地规划自己的生涯成长,让自己发展得更好,让工作、生活能够遵从内心,变得更加愉悦轻松。

深度解读:"我"到底是什么?

1. 我们在不同的圈子为了不同的目的而产生了不同的行为。

生活当中,我们都是在不同的社交圈中同时存在的,比如,家庭圈、朋友圈、爱好圈等。我们常常在不知情的情况下,成为一个看似拥有"多重人格"的人。

"我们通常都不会注意到自己的多重变化,因为我们一直习惯于以专业和其他目的的名义来违背我们的角色性格。这种现象甚至有一个名字叫'自由特质行为'。"剑桥大学的人格学家 Sanna Balsari-Palsule 说。

"自由特质"违背了我们的自然倾向,以推进我们关心的个人目标。例如,内向的人可能在家里自然安静,但如果他们从事的工作需要强烈的社交和自信行为,他们可能会扮演"伪外向者"。而这也是"自由特质行为"中最常见的一个状况。

2. 我们自己用不同的方式来解释自己。

"多重人格"的变化来自我们自身内部。想象一下,我们的大脑是一个装有各种文件的大书柜,每次你都从柜子里准确地找到因某种情况而被需要的文件。这些文件就是定义我们行为的心理结构,心理学家称它们为"自我解释模式"。

例如：在恋爱阶段，作为恋爱关系的双方均忘记了自己的爱好、朋友，甚至他们自己的家人。换句话说，他们已经抛弃了原本的第一模型（如作为儿子、作为朋友），而是使用了第二模型（原本存在，又或者专为恋爱而塑造的性格）。时间久了，如果这对情侣分手了，他们两人都感到了生活中的无限空虚。那是因为他们在恋爱的过程当中已经抛弃了原本的第一模型，而使用了针对伴侣而创造的第二模型。只有等他们找回自我（第一模型），才能够重新并且更好地去面对新的生活。

3. 哪个情况下展现的才是真实的"我"？

研究人格的心理学家面临的问题是：哪个社会中的"我"最接近一个人的真实性格？正如实践所表明的那样，随着年龄的增长，人们无意识地破坏了那些与人格基本属性最不同的"自我解释模式"。那么，最终你无须从你的"书柜"当中查找正确的文件（个性），而是观察你最为常用的文件（个性）即可。你有没有注意到这样的事情？你在不同的场合当中，会出现不同的行为吗？

（百家号"集集屋"，https://baijiahao.baidu.com/s?id=1627642055490630655&wfr=spider&for=pc，2019-03-11）

请思考并回答以下问题：

生活中面对不同的社交圈，你的"大脑书柜"最常用的"行为模式文件"有哪些？举例说明你在不同场合表现出的不同行为状态。

有劲工具

DISC 性格测试

我们和这个世界上任何事物一样，变化才是永恒的主题。不过一些关于你的特性，就像某种趋势一样，在一段时间内是相对稳定且可预见的。接下来，就让我们一起来解读自己，尝试找到这些问题的答案吧！

请完成二维码中的 DISC 性格特质测评问卷。

注意：每题最多只能选出 2 个选项，一个是最像你的，一个是最不像你的。每一道题停留的时间不用太长，凭直觉选择对应的选项即可。共 28 题，计时 15 分钟。

DISC 性格特质测评问卷

稍后，我们将一起揭晓答案。你也可以主动将自己的测评结果与老师、同学分享。

今日资讯

案例学习

DISC性格在团队中的价值所在见表5-1。

表5-1 DISC性格在团队中的价值所在

D型/支配型	I型/影响型	S型/稳定型	C型/遵从型
组织者	乐观积极	可被信赖和依靠的	保持高标准
有远见	创造性地解决问题	忠于领导者，为目标而努力	坚持以事实为依据
积极的开拓者	伟大的激励者	矛盾的调节者	负责且公正
重视时间的价值，挑战现状	风趣与幽默感	有耐心且有同情心	善于收集和分析信息
创新	通过切磋解决矛盾	顺从权威	全面解决问题

步骤三、如何优化自己的成长路径

——理解长板理论，能够借助DISC测评工具，自信地找到个人优势和自己独特的价值。

——能够客观地分析个人劣势，再次优化个人成长路径。

一、理解木桶理论与斜木桶理论

木桶理论也称短板理论，由美国管理学家劳伦斯·彼得提出，其核心内容为：一只木桶盛水的多少，并不取决于桶壁上最高的那块木块，而恰恰是桶壁上最短的那块。这就是西方著名的"木桶理论"。"短板"一词也由此广泛流行。殊不知，木桶理论是用来说明需要弥补的团队短板和缺点。

在全球互联的今天，职场突破了时间和空间的限制，需要更深的互动、更好的协作，个体具备核心竞争力、优势、特长变得非常重要。也就是说，你只需要有一块足够长的长板，以及一个有"完整的桶"的意识，无论是个人还是团队，都可以通过合作的方式补齐自己的短板。好比当你把桶倾斜，会发现，能装多少水取决于最长的那块木板（核心竞争力）。这就是斜木桶理论（见图5-4），也称长板理论。

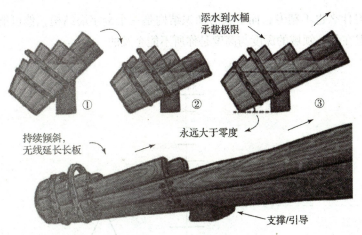

图 5-4　斜木桶理论

智慧高地

现代管理学之父彼得·德鲁克说过:"大多数人穷尽一生去弥补劣势,却不知道从无能提升到平庸所要付出的精力,远远超过从一流提升到卓越所要付出的努力。唯有依靠优势,才能实现卓越。"

案例学习

在足球明星大卫·贝克汉姆20年的职业生涯里,曾两次获得国际足联授予的世界足球先生银球奖,在2004年还被评为"史上100位最伟大的球员"之一。

但是贝克汉姆承认,与很多球员相比,他的缺陷更突出,甚至在他成为世界最著名的球员之后,他仍然饱受争议,有大量的批评都聚焦在他的短板上,比如不会左脚踢球,不会头球,不能截球等。确实,贝克汉姆比大部分进攻型球员速度都要慢很多,但贝克汉姆有非常出色的定位技巧,传中有力,传球精准,总能找到一个最佳位置去击败对方后卫。凭着这个优势的发挥,贝克汉姆成为足球史上最伟大的任意球大师之一。

请思考并回答以下问题:

如果贝克汉姆花费大量时间来提升跑动速度或者左脚传球的能力,那么他的职业生涯又会是什么样?

二、建立你的价值金字塔——找到你远高于他人的核心竞争力

普通人与专家的知识结构差异在于(见图5-5):普通人貌似在很多方面都知

道一些，但什么也不精专；而专家的知识结构是一个金字塔结构，他可能知识面没有你广，但在某一领域的深度与高度是你所不能企及的。

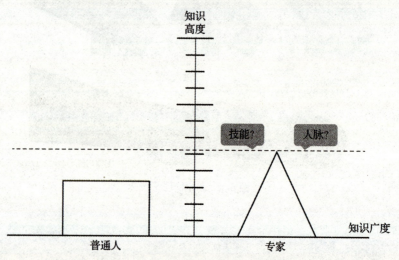

图 5-5　普通人与专家的价值金字塔

人生成长、职场成功，都倚赖于我们的"价值金字塔"，它可以是你精深研究的专业认知，也可以是一项长期练就的专业技能，还可以是你特别擅长的沟通表达能力、独有的人脉资源，总之你必须从性格上、学习中找到并建立属于自己的核心竞争力，在某一点上远远高于其他人，只有这样，你才能拥有自己的立身之本。

> **有效工具**
>
> ### 建立价值金字塔的钉子法则
>
> 钉子法则说：既然不能面面俱到，就选择一个自己最强、最擅长的点来突破，投入我们足够的努力与坚持。这需要我们聚焦兴趣点来建立自己的核心竞争力，只有这样才会有持续的激情与投入。
>
> "聚焦"就好比钉子的那个尖儿，就是我们选择的突破点。"投入"就是我们的努力与坚持。目的就是把事情做到极致。
>
> 如果我们用 S 来代表成功，用 H（Hard）表示硬度，用 S（Sharp）表示尖锐程度，作用力的大小用 N 表示，时间长短用 T（Time）表示，那么这个公式可以这样表示：$S = H \cdot S \cdot N \cdot T$。
>
> 钉子法则（见图 5-6）：成功＝聚焦×投入。Hard 意味着坚持聚焦的韧度；Sharp 意味着聚焦的专注度；N 意味着全身心投入的深度；Time 意味着投入时间的宽度。

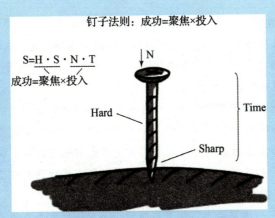

图 5-6 钉子法则

作家格拉德威尔在《异类》一书中提到的"一万小时定律"也是这个意思。他说:"人们眼中的天才之所以卓越非凡,并非天资超人一等,而是付出了持续不断的努力。一万小时的锤炼是任何人从平凡变成世界级大师的必要条件。"

以此推算:要成为某个领域的专家,按每天聚焦投入 8 小时、一周工作 5 天来算,那么大约需要 5 年。

A、B 两位同学轮流分享:通过性格测评,你看到并坚信能成就你价值金字塔的优势有哪些?给它们分类,需要借外力提升的画○,通过自己就能提升的画☆。

快看漫画陈安妮:从普通大学生到融资过亿 CEO,实现人生 1% 的奇迹

她出生在广东省汕头市一个普通家庭,从小就热爱画画,可是家庭却无力负担她成为画家的梦想。大学时意外被漫画家杨笑汝的经历所鼓舞,再次重拾画笔,之后在网络上发表自己的连载漫画,获得了众多粉丝。2014 年,用自己的全部身家创办的快看漫画,到 2020 年成功做到市值 130 亿元。她就是"90 后"年轻画家陈安妮。

检查归纳

> 2011年,她的处女作《广外班导的使用手册》诞生,主要讲述的是自己在大学的生活以及形形色色的人,不少同学都成为她漫画里的人物。
>
> 第一部漫画就吸引了不少大学生的共鸣,微博粉丝也在不断疯涨,随之而来的就是一些网站和杂志的约稿。
>
> 但是这个时候的陈安妮只是一个小众画家,真正让她大火的还是2012年的《安妮和王小明》。漫画里的主人公就是她自己,王小明也就是她的男朋友。这部漫画生动形象地展示了年轻人之间相处产生的有趣故事。仅仅几天时间,阅读量就达到了12.5亿,这就是青春的力量。陈安妮也因此在2013年凭借此部漫画荣获"中国动漫金龙奖最佳幽默漫画金奖"。
>
> 2014年,在一次聚会上,陈安妮结识了不少因创业年入百万的"90后",本来可以安心靠着漫画连载月入几十万元的陈安妮也萌生了创业的想法,既然别人能干,自己也就能干。她想要创立一个能够看各种各样漫画的软件,想要让更多画家可以借助这个平台施展自己的才华,改变画家低收入的现象。
>
> 陈安妮拿着自己的积蓄创办了快看漫画。2014年12月14日,花费8个月研发的快看漫画App问世。创业之初并不容易,每天都是靠泡面度日,有时候为了节省开支,连泡面都要分两顿吃。梦想的唯一捷径就是坚持,她咬着牙走过了许多个看不到光明的日子。2020年快看漫画已经涉及各个主题,估值高达130亿元。
>
> 快看漫画让不少人能够用手机就可以追漫画,还让不少有才华的漫画家有了发挥自己才能的平台,现在,快看漫画正在计划着向全球市场进军。
>
> (百度百家号:创始人观察,https: //baijiahao.baidu.com/s? id=17140413043 92593312&wfr=spider&for=pc)

 **任务执行评价**

任务执行评价见表5-2。

表5-2 任务执行评价

序号	评价维度	评价内容	所占分值/%	自我评价(30%)	小组评价(20%)	教师评价(50%)
1	任务完成情况	学习自觉性高,积极主动,一丝不苟。遵守时间,能在规定时间内完成并上交	10			

续表

序号	评价维度	评价内容	所占分值/%	自我评价（30%）	小组评价（20%）	教师评价（50%）
2	任务呈现形式	如实记录，表达准确，条理清晰，内容丰富，图文并茂，有一定的创新力	20			
3	行动工具的运用	正确使用行动工具，作业步骤清晰，能够举一反三、融会贯通	25			
4	任务成果的达成	思想上积极上进，有强烈的求知欲和进取心，能够立足专业、提升技能、夯实基础，综合素养得到全面提升	25			
5	学习小组合作情况	团队目标明确，沟通顺畅，有团队协作精神，有领导组织能力	20			
		小计				
		合计				

复盘评价

项目四　找路子

【项目导读】

鲁迅先生说："地上本没有路，走的人多了，也便成了路。"当时的中国正处于最黑暗的时期，很多人都有一种悲观的情绪，认为找不到救国的道路，鲁迅这句话就是要激励人们，如果坚持地走，就算前方没有路，我们依然能开创出一条路。

创业的道路也是如此。创业之路注定艰辛，单靠努力和热情不一定能迈向成功。方向决定道路，道路决定命运。面临世界百年未有之大变局的冲击，站在创业的风口上，如何谋求通往成功之路的方向和落脚点，具备蓝海战略视野，至关重要。

任务 6
制定你的蓝海战略

● 【任务关键词】

战略

● 【行动工具包】

（1）个体成长的破圈模型；
（2）人生平衡轮；
（3）以价值创新为核心的"蓝海加减乘除表"。

● 【任务成果箱】

（1）建立战略思维，掌握以弱制强、因地制宜的终极思考；
（2）能够关注国家政策，立足社会需求，将个人命运和国家社会的发展紧紧相连。

● 【知识目标】

（1）能说出"蓝海""红海"的定义；
（2）能说出蓝海创新 4 个方法。

● 【能力目标】

（1）能够运用行动工具"个体成长的破圈模型"形成有战略导向的发展思路；
（2）能够运用行动工具"人生平衡轮"制定长远目标，并聚焦到当前的行动上来；
（3）能够运用行动工具"蓝海加减乘除表"为当前的行动制定具体的蓝海创新方案，为达成长远目标找到符合个人实际情况同时有创新特色的发展路径，掌握自主创新的思路和方法。

学习计划

【素质目标】

(1) 通过对蓝海创新商业案例的学习,增强自主创新的信心;

(2) 在制定自主创新方案的思考和训练中强化开拓进取、坚忍不拔、敢于创新的企业家精神;

(3) 基于蓝海的价值创新思维模式得到固化和提升。

步骤一、"蓝海"的定义是什么

——掌握蓝海、蓝海战略的定义,突破对传统竞争的认知与理解。

一、红海与蓝海的定义

"红海战略"(Red Ocean Strategy)和"蓝海战略"(Blue Ocean Strategy)的概念是由欧洲工商管理学院的 W. 钱·金教授(W. Chan Kim)和莫博涅教授(Mauborgne)在其合著的《蓝海战略》一书中首次提出的,书中把整个市场想象成海洋,这个海洋由红色海洋和蓝色海洋组成(见表6-1)。

红海市场代表当前业已存在的所有行业,这是一个已知的市场空间。红海里的企业为了在激烈的市场竞争中赚取利润,会使用压低成本、抢占市占率、倾销等传统竞争手段获得生存。若要为客户提供高价值的产品或服务,公司就要承担高成本付出,反之亦然。

蓝海市场代表当前尚不存在的所有行业,即未知的市场空间。蓝海里的企业并不关注市场正面竞争,拒绝跟随竞争者,他们会发掘潜在客户和创造新的价值。正因蓝海的企业不作直接竞争,所以他们会更注重创新,会在原有市场中寻找新的机会,给客户创造出不一样的体验。

表6-1 红海战略和蓝海战略区别对比

红海战略	蓝海战略
在现有市场竞争	拓展非竞争性市场空间
参与竞争	避免竞争
争夺现有需求	创造和攫取新需求
遵循价值与成本互替定律	打破价值与成本互替定律
遵循差异化或低成本的战略选择,把企业行为整合为一个体系	同时追求差异化和低成本,把企业行为整合为一个体系

> **课堂互动**
> 1. 红海市场和蓝海市场，你认为谁的投入成本更高？为什么？
> 2. 红海市场和蓝海市场，你认为谁的产品利润更高？为什么？

二、"红海"与"蓝海"的竞争状态

"红海"代表这样一种竞争状态：产业的界限和竞争规则已被企业熟知，随着市场空间越来越拥挤，每个企业为实现最大的市场份额而紧盯对手展开诸如削价竞争等割喉式残酷竞争，就像战场上为了获胜而血流成河。"红海"正是取自这种血腥的喻义。由于红海中所有企业走上大致相同道路，竞争方式完全趋同，白热化的竞争增加了销售成本或减少了利润，市场需求增长缓慢甚至逐渐萎缩。这又进一步加剧了产业内部竞争，使身处红海中的企业获利空间越来越小，深陷在恶性循环之中。

"蓝海"则指的是企业完全摆脱血腥拼杀的红海状态，代表着亟待开发的市场空间，代表着创造新需求，代表着高利润增长的机会。在蓝海市场中，全新的市场意味着游戏规则还没有建立，硬碰硬的竞争并不存在，通过刺激需求和价值创新，市场可以扩大和被创造出来。在这里，企业能获取最理想的利润空间，既能实现成本领先又能实现差异化，它打破了传统的思维模式，完全颠覆传统的竞争手段，跳出了"要么走成本领先之路，要么只能实行差异化"带来的选择困境。如何不囿于目前的竞争格局，找到并建立起未知的新市场空间，就是"蓝海战略"的主要内容。

> **课堂互动**
> 请查阅资料，列举2个红海竞争、2个蓝海竞争的产品或品牌。

> **案例学习**
>
> 《蓝海战略》通过大量案例和研究指出：在激烈竞争中，企业应积极拓展新的非竞争性的市场空间，即开创蓝海，其核心内容包括：
> ——开创蓝海的关键性分析工具与框架；
> ——制定蓝海战略的基本原则；
> ——执行蓝海战略的原则及策略；
> ——蓝海战略的可持续性及更新。
> 接下来，我们来看两个蓝海战略的案例。
>
> **（一）壹号土猪**
>
> 2006年，陈生在广州菜市场闲逛，发现偌大的菜市场并没有什么像样的猪肉品牌。当时市场上流通的猪肉大部分来源于从国外引入的洋猪种，这种瘦肉

型猪养殖周期短、成本低、价格便宜。经过认真调研和考察，陈生和其团队发现却在土猪身上发现了一个巨大的优势：土猪肉质口感更好，更香甜。中国人的餐桌上离不开猪肉，陈生觉得这是一个市场机会。

为了找到好吃的猪肉，陈生和团队从南到北，将各地名优品种猪肉的不同部位用清水煮来品尝，并对猪肉的弹性、色泽、口感、味道等一一记录。秉持"好饲料才有好猪肉"的理念，甚至连猪吃的饲料都要亲自尝一尝。

2006年，陈生开始养殖土猪；2007年，"壹号土猪"品牌横空出世；2011年，壹号土猪的整体销售超过4亿元，陈生被称为广州"猪肉大王"。2013年起，这个来自广东的"土"品牌开始北拓，进驻上海、北京、天津、南京、杭州、重庆、成都等省市。2019年，壹号土猪已在全国35个城市开了2 000多家连锁店，是目前国内规模名列前茅的土猪鲜肉连锁品牌。

壹号土猪肉口味嫩滑、香甜、有胶质感，开创了"狠土狠香狠安全"的猪肉文化，掀起了猪肉品牌化的浪潮，改变了一代人的消费观念，中国人开始注重对猪肉品位的追求。

壹号土猪是陈生及其团队从中国多个优秀本土猪种中培育出来的独特品种，性能和肉质水平的提升，使其成为生猪领域拥有完整自主知识产权的新一代"国货"品种。"壹号土猪"建立了从育种、养殖、屠宰、配送和零售的垂直化经营管理体系，从地头到餐桌全程监管，产品安全性得到全面保障，带领了更多的养猪人开始探索和生产优质本土猪。

（二）京东叫板，雷军称赞，"神仙企业"胖东来的商界神话

2010年，大连大商总裁在一个商业论坛上说："今天我不想谈大商，就想讲讲胖东来现象。这么多年来，我没有见过像胖东来这么好的生意，客户、汽车、电动车都在外面排起长长的队伍，烈日下，妇女们宁愿打着遮阳伞在商场门外等一二十分钟，都不愿去别的商家购物，这是很罕见的现象！"2017年，小米董事长雷军到许昌参观胖东来时代广场后，在微博上用"朝圣"一词表述，还称"胖东来在中国零售业是神一般的存在"。

2020年春节期间，面对武汉疫情的爆发，于东来向灾区捐款5 000万元。他还让旗下所有的超市门店，在疫情期间按进价销售蔬菜！随后，于东来和他缔造的"神仙企业"，猝不及防地走红网络，网友们纷纷呼吁胖东来能入驻自己生活的城市！

这家超市连河南都没有走出去，凭什么被封神？

1. 变态级服务

说到服务，大家肯定会想到"海底捞"。然而在胖东来，这都只是很平常的一件事。比如，一般超市的卫生间，能够保持干净整齐就很好了，但在胖东来除了这些，还会看到这样的提示，见图6-1。

在胖东来购物，有7种不同款型的购物车，每种车都有用法标注，客户可以各取所需。老年人还有专门的款式，不仅自带休息的板凳（见图6-2），还有放大镜（见图6-3），方便老人看商品。老年人常逛的调料处有放大镜（见图6-4）；冷冻食品货架边放着贴心的手套（见图6-5）。

图6-1　胖东来卫生间的温馨提示

图6-2　胖东来带休息板凳的购物车

图6-3　胖东来购物车上的放大镜

图6-4　胖东来调料区的放大镜

胖东来的珠宝售后服务中心可以免费清洗维修首饰，哪怕不是在胖东来购买的。另外，胖东来还倡导理性消费，在珠宝柜台上方贴着一则温馨提示：理性消费更幸福，并且承诺"7天内商品正常调价，给予退差价"。曾经有段时间金价暴跌，但只要在胖东来购买黄金饰品的客户就能享受这个政策。

胖东来的售后服务有18项免费，比如免费存车、免费打气、免费充电、免费锁边、免费干洗等，而且不管是不是在胖东来消费，这些服务都可以享受。任何不满意可以在服务中心意见本上留言，每一条留言都将在24小时内得到值班经理回复，并附有电话。

2008年，胖东来为了将操作标准规范化和流程化，成立了实操标准小组，要求所有员工尽可能地丰富商品知识，能够详尽地向客户介绍产品，比如硅胶锅铲的使用方法（见图6-6），甚至连消防栓都有详尽的使用说明。

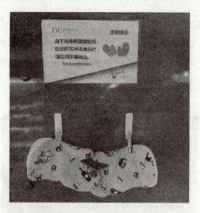
图6-5 胖东来冷冻食品货架旁的手套

图6-6 胖东来员工制作硅胶锅铲使用说明

零售企业本质就是服务。因为胖东来的服务太好太细致,世纪联华、家乐福、沃尔玛、丹尼斯都因为竞争不过而惨淡停业。

2. 多元化经营,覆盖客户所有的生活需求

胖东来创始人于东来曾经讲过:"商品的品类要齐全,如果没有怎么办?我会去外边为客户采购,甚至去对手店里买,最远的一次是用飞机空运回来的。这肯定是赔钱的,但是我不想让客户失望,我们做商业的就是有这个责任去满足客户的愿望。"胖东来采购温馨提示见图6-7。

图6-7 胖东来采购温馨提示

那怎么才能满足消费者的需要呢?比如客户想要买食用油,这是他的购物需求,就可以把这个点分成若干小需求点。食用油包括大豆油、葵花籽油、花生油等不同的种类,消费者买哪种油又各自代表着不同的小需求。像花生油易于人体消化吸收,大豆油预防心血管疾病等,把这些小需求点结合起来就是一个大的消费需求,之后商场还可以根据实际商品出售情况来调整商品采购需求。

与零售业巨头们不同,许昌的胖东来是多元化经营形式,不仅有大型购物中心、超市,还有电器城、大众服饰百货商场、便利店、药店。在胖东来,普通老百姓的吃穿用和娱乐需求，一应可以得到满足，覆盖了高、中、低全部的细分市场。

3. 给员工吃肉，你将迎来一群狼

任何极致服务的背后都离不开强大的团队支撑。于东来说过："给员工吃草，你将迎来一群羊！给员工吃肉，你将迎来一群狼！"

河南许昌是一个四线城市，当地的基本工资在 1 500 元左右，但是胖东来的基层员工却能拿到 3 000 元左右。

于东来主张把财富分配给员工，从 2000 年开始就把股份分给员工，现在只保留了 10% 的股份，而且员工年底还有分红，哪怕是胖东来的一名保洁员，年收入也高达四五万元。

除了高薪，各项制度也给予员工幸福感。例如：节假日关店休息、每年 30 天假期、不允许员工加班，有结婚贺金、生育贺金、各种节假日福利；寸土寸金的时代广场六楼是员工的娱乐天堂，电影院、健身房、KTV、茶水间、休息室应有尽有；甚至在处理被投诉员工的事件中，也是选择让员工调离而不是辞退（见图 6-8）。

图 6-8　胖东来曝光促进台后台

因为各项激励到位，员工内在的幸福感激发了员工的自驱力，产出远高于人力成本投入。

学习计划

> 对于零售行业而言,服务的本质是人,无论是客户还是员工,当两者都做到极致时,想不成功都难。
> （王丽,《于东来:折服马云和雷军的"生意经"》;百家号:蛋解创业,《这家超市连河南都没有走出去,凭什么被封神?》）
>
> 请思考并回答以下问题:
> 作为商超界的神话,在胖东来的案例里,我们看到了哪些差异化经营手段?它打造了哪些行业标杆?

三、红海与蓝海的关系

在产业的演变过程中,所谓的颠覆一直在发生,红海和蓝海并不是互相取代以及非此即彼的关系,而是会随着时间、空间的转换,可以并存和转化的。

尽管有些蓝海是在现有红海领域之外创造出来的,但绝大多数蓝海是通过拓展已有产业边界而形成的。红海、蓝海永远是商业现实中共生共存的组成部分。

任何一家企业都不可能永葆卓越,正如任何一个行业都无法长盛不衰一样。蓝海虽然能为企业带来高额利润,使企业摆脱竞争,但也存在着竞争对手的模仿性风险。因为竞争对手也在时刻注意着市场环境,一旦发现了一片迷人的蓝海,他们就会马上进入。即使最初进入蓝海的企业短期内能形成一定的行业壁垒,随着潜在进入者的不断模仿与学习,蓝海也难免会慢慢变成红海,蓝海战略也将过渡到红海战略。

对于任何一家想在激烈竞争中突出重围、实施蓝海战略的企业来说,只有因时而变、因势而新、超越竞争,不断开创和更新蓝海领域,才能获得企业的持续发展。

步骤二、蓝海战略的思维方式为什么重要

——理解蓝海战略思维对打造个人发展核心竞争力的意义。

一、蓝海战略对企业发展的意义

科技的加速发展大大提高了生产力,厂家向市场提供的产品和服务也前所未有的纷繁多样。随着国家和地区间贸易壁垒被拆除、互联网技术的飞速发展,有关产品和价格的信息变得越来越透明。一方面商业的竞争日益加剧;另一方面却并无明确数据表明市场范围内的需求是否增加,相反,统计数字表明,发达国家和部分经济发展较好的发展中国家市场的人口正在下降。

产品和服务加速同质化,价格战愈演愈烈,利润率不断下降……在过度拥挤的产业中,企业要想脱颖而出更加困难,许多企业甚至面临不转型就将被淘汰的危险。实施蓝海战略是企业适应市场环境发展变化的必然选择,如果不能及时做到这一点,

那就不是一家企业愿不愿意成为超级巨星的问题,而是它将是否会成为陨星的生死存亡问题。

从"中国制造"走向"中国创造",创新已经成为国内企业发展的主旋律。企业创新是全方位的创新,其核心是技术创新、模式创新和价值创新。企业在未来的市场发展中,要保持健康快速发展,就必须放弃有限市场内的竞争角逐,改变战略思维,独辟蹊径,发现新的业务增长点,培育新的市场。

区别于红海战略从竞争对手出发,蓝海战略是超越产业竞争,从买方价值出发定义客户需求,进行战略规划,开创全新市场。其战略思考从供给转向需求,从竞争转向价值创新,在最终产品层面上,其竞争优势的取得主要来源于客户实际感知的产品或服务。企业要想获得更长久的蓝海优势,就必须不断地向客户提供独特的、竞争对手难以模仿的价值,变"追随营销"为"创造营销",摆脱激烈的竞争,实现持续发展。

中华人民共和国成立以来社会主要矛盾的历史变化

八大(1956年):人民对于建立先进的工业国的要求同落后的农业国的现实之间的矛盾,人民对于经济文化迅速发展的需要同当前经济文化不能满足人民需要的状况之间的矛盾。

八届十中全会(1962年):无产阶级同资产阶级的矛盾,要"以阶级斗争为纲,阶级斗争必须年年讲,月月讲,天天讲"。

十一届六中全会(1981年):在社会主义改造基本完成以后,是人民日益增长的物质文化需要同落后的社会生产之间的矛盾。

十九大(2017年):人民日益增长的美好生活需要和不平衡不充分的发展之间的矛盾。

国家战略开启产业蓝海

聚焦新一代信息技术、生物技术、新能源、新材料、高端装备、新能源汽车、绿色环保以及航空航天、海洋装备等战略性新兴产业,加快关键核心技术创新应用,增强要素保障能力,培育壮大产业发展新动能。推动生物技术和信息技术融合创新,加快发展生物医药、生物育种、生物材料、生物能源等产业,做大做强生物经济。

(《中华人民共和国国民经济和社会发展第十四个五年规划和2035年远景目标纲要》,2021年3月18日)

人民日益增长的美好生活需要对加强食品安全工作提出了新的更

高要求；推进国家治理体系和治理能力现代化，推动高质量发展，实施健康中国战略和乡村振兴战略，为解决食品安全问题提供了前所未有的历史机遇。

(《中共中央国务院关于深化改革加强食品安全工作的意见》，2019年5月9日)

积极促进健康与养老、旅游、互联网、健身休闲、食品融合，催生健康新产业、新业态、新模式。发展基于互联网的健康服务，鼓励发展健康体检、咨询等健康服务，促进个性化健康管理服务发展，培育一批有特色的健康管理服务产业，探索推进可穿戴设备、智能健康电子产品和健康医疗移动应用服务等发展。规范发展母婴照料服务。培育健康文化产业和体育医疗康复产业。制定健康医疗旅游行业标准、规范，打造具有国际竞争力的健康医疗旅游目的地。大力发展中医药健康旅游。打造一批知名品牌和良性循环的健康服务产业集群，扶持一大批中小微企业配套发展。

(《"健康中国2030"规划纲要》，2016年10月25日)

二、蓝海战略对个人发展的意义

随着产业结构的调整，社会对各层次人才的需求也在不断变化。我国高等教育已进入大众化、普及化阶段，传统的人才培养模式已然走向了红海，同质化现象严重。同一领域的学生掌握的都是相似的基本技能，没有突出的强项，缺乏竞争优势。随着越来越多的大学毕业生进入社会，就业压力日益增加，就业形势十分严峻。每一位大学生都面临同样的思考：如何用科学的眼光审视专业前景、个人发展目标、企业需求、自我期待值、前进方向与步骤？

答案就是：用"蓝海"的思考。

蓝海是一种思维方式，可以适用于政府部门、企业，也适用于个人。毕竟人的时间和精力都是有限的，每个大学生自身条件和资源都不相同。我们一定要学会根据实际情况进行战略规划，合理取舍。比如，当面临升学择校、选择专业、择业就业、职场抉择时，每个人都希望最大化体现自己的价值，但我们拥有的时间、精力、金钱、知识都是有限的。在红海中想要实现自己的梦想，竞争激烈、难度很大，而且有时候也无法让自己的价值得到充分展示；但如果我们能将注意点从竞争对手转向对自己更有意义更具价值体现的领域，增加和创造当前所没有的价值元素，剔除和减少一些不太重要的价值元素，减少低价值消耗，充分挖掘和发挥自己的长处进行价值创新，就能获得打造自己价值和形象的全新机会，从而开创属于个人的价值蓝海。

智慧高地

好书推荐《科学思考者》

2020年十大网络热词中有这样一个词：工具人。所谓工具人，即是个体主动付出，为他人提供便利，一直像工具一个被他人使用或使唤的人。

为什么部分人会成为工具人？究其原因，不过是不善于思考。

其实，大多数人都不怎么思考，每天过着按部就班的生活。学生按部就班地听从家长和老师的命令去学习，而打工人听从老板或上司的命令去工作，并且人们将这样的生活状态看作常态，从未想要改变。的确，现代社会精细化的分工使得大多数人不会经常面对需要思考的事情。

但一旦面临陌生的局面和不熟悉的事物，需要你去做决定呢？没有一定的思考能力，将会寸步难行。科学作家万维钢著书《科学思考者》告诉我们：科学地思考、理智地谋划，是对自己人生负责，也是我们掌控自我命运的底气。此外，科学的思考还能跳出舒适区，拒绝被割韭菜！让我们一起读书吧，告别依靠某一技能谋生的工具人，做一个对自己命运有掌控力的自由人。

有效工具

个体成长的破圈模型

个体的成长应该是一个不断自我突破的过程。很多人努力了一辈子，感觉自己做了很多，走了很长的路，但其实并没有走远。为什么会这样？这样的人，往往在宏观上缺乏一个清晰的方向和目标（战略），因此不懂得如何因地制宜、以弱制强、出奇制胜，获得自己的人生成就。

选择比努力更重要。人生成长的第一步，请运用"个体成长的破圈模型"（见图6-9）思考你的蓝海成长目标，建立初步的有战略导向的个体成长思路，并做好破圈路上经历各种波折、坎坷的心理准备，迎接命运的挑战。用制定目标、立刻行动突破舒适圈，剔除身上的慵懒、拖延坏习惯；用不断尝试、追求新知战胜恐惧圈，增加自信心、毅力和勇气；用持之以恒、终身学习拓展学习圈，创新学习方法，提高学习效率；最后才能不断成长，获得发展，人生得到螺旋式上升，从而建立成长圈，获得核心竞争力，在竞争激烈的社会中获得更好的个人发展。

检查归纳

复盘评价

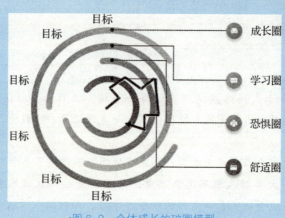

图 6-9　个体成长的破圈模型

请你从学习、生活、职业等角度梳理至少一个蓝海成长目标,并用一句话将它描述出来。

_____

时代丰碑

中国志愿军为何被称为中国近代战力最强的部队

1950 年 6 月,朝鲜战争爆发。在美国五星上将麦克阿瑟的眼中,美国当时的实力足以碾压成立还不到一年的中华人民共和国,他甚至提出一个口号:"在圣诞节前结束战争,让美国士兵回到国家团聚。"

然而,中国志愿军凭着对战术的灵活运用以及强大的意志力,虽然装备落后,却仍然击败了武器装备十分优越的美军军队,创造了以弱胜强的战争奇迹。这一战争结果让世界震惊。

来看一组数据对比:

1. 从武器装备上来看,中国志愿军在刚进入朝鲜战场时,不仅没有飞机、军舰这样强大的武器装备,就连坦克也没有配备,而当时的美军一个师有 7 000 辆汽车,一个军就装备有 400 多辆坦克,此外还直接出动了 1 700 多架战机参战,海军方面也出动了航母以及 200 多艘舰船。

2. 在军队信息传递方面,美军一个师配备的电台数量在 1 500 以上,而中国志愿军一个军的电台数量都没有过百。

3. 在食物补给方面,中国志愿军没有完善的后勤保障体系,每天的食物只够勉强维持生存。美军通过飞机将火腿、咖啡、面包等食品不断运往前线,这是我们无法想象的。

对比过后一目了然,难怪中国志愿军会被称作近代中国战力最强的部队。

请思考并回答以下问题:

1. 请查阅资料并分享,中国志愿军在军事实力如此悬殊的情况下,制定了哪些因地制宜的蓝海战略,最终能够以弱制强、出奇制胜?

2. 中国志愿军的胜利,给我们的启示有哪些?

有为工具

人生平衡轮

我们经常会思考:我为什么活着?什么对我是重要的?我想成为一个什么样的人?我最想要的是什么?我需要在哪些方面做出改变?

你的内心飘忽不定吗?这么多问题你能理出头绪吗?

没有关系,"人生平衡轮"可以帮助我们将工作、生活或生命中那些都很重要、难以取舍的选择罗列出来,厘清现状,找准目标和方向。

请给自己画一个人生平衡轮(见图6-10),对你当下的感受做一次评估。具体步骤如下:

1. 平衡轮是现实快照,帮助我们从多个方面评估自己的现实生活。你的人生中,最重要的方面有哪些?寻找6~8个。

2. 画个圆,将它分成6~8等份,把上面的6~8个方面分别填到每一个等份中。

3. 结合现状,给你的每一个方面打分。1~10分,1分最差,10分最满意。

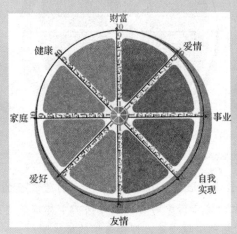

图6-10 人生平衡轮

学习计划

4. 观察你的平衡轮，从中你看到了什么？觉察到了什么？平时忽略了什么？

注意，不要想象，直接从平衡轮圈中观察，看看各因素之间的关系，厘清现状。

具体的问题如下：

你有多满意？你要改变什么？它们的优先级顺序是怎样的？有哪些部分是需要立即注意的？采取什么行动会改变这个部分？如果你改变后，你的生活会有什么不同？

哪些部分太少？改变这些部分会怎样改变你？几个你不太满意的部分中哪个是可以做很少努力却能得到很大不同的？有哪些行动可以实施？

5. 当你找到了你重视和希望有所改变的方向，就可以把这些目标填写在你的"个体成长的破圈模型"的"目标"上，并着手下一步行动了。

注意：绝对的平衡轮并不是一种可以完全达到或实现的状态，因为我们的生活总是处于不断变化之中，平衡也只存在于动态之中。但是当你看清楚自己想要什么样的生活时，在这个复杂的世界里，至少会过得更加清晰、通透。

绘制你的人生平衡轮（见图 6-11），找到关于你的人生成长的优先级顺序。

图 6-11 你的人生平衡轮

把最后经过取舍选择出来的目标填写在你的"成长的破圈模型"（见图 6-12）的"目标"上，建立初步的有战略导向的个体成长思路，并做好破圈路上经历各种波折、坎坷的心理准备，迎接命运的挑战吧！

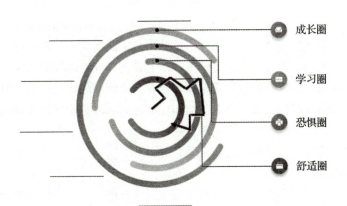

图 6-12　你的成长的破圈模型

步骤三、如何模仿企业找到个人蓝海并建立战略

——向企业学习，运用蓝海思维，开创全新发展。
——以因地制宜、以弱制强为原则，以价值创新为基石，制订自己的蓝海计划。

> **课堂互动**
>
> ### 创业公司 / 个人规划需要蓝海战略
>
> 周鸿祎曾说过："大公司作为行业巨头，形成了对客户和资源的垄断。如果创业公司仍按照已有的市场领先者的游戏规则来玩，将永无出头之日。
>
> "在这种情况下，小公司没有别的选择，必须要创新。所谓创新，未必要发明一个新的产品配秘方、一个新算法、一个专利。"
>
> "创新是要真正地想一想，怎么样做得与众不同，怎样和大公司反向操作。"
>
> 企业越大越输不起，这是百年事实，换到个人也一样吗？请把周鸿祎的这段话的主角替换成"老员工"和"职场新人"，看看观点是否依然成立：
>
> ＿＿＿＿＿＿作为行业＿＿＿＿＿＿，形成了对客户和资源的垄断。如果＿＿＿＿＿＿仍按照已有的市场领先者的游戏规则来玩，将永无出头之日。
>
> 在这种情况下，＿＿＿＿＿＿没有别的选择，必须要创新。所谓创新，未必要发明一个新的产品配秘方、一个新算法、一个专利。
>
> 创新是要真正地想一想，怎么样做得与众不同，怎样和＿＿＿＿＿＿反向操作。

心得记录

项目四　找路子　101

一、做好价值创新是蓝海战略的基石

心得记录

W. 钱·金教授在接受专访时曾指出：蓝海战略的核心是价值创新，即同时追求差异化和低成本。传统的竞争战略在市场结构给定的前提下，要求企业作出战略选择，或者以更高的成本提供更高的价值，即差异化；或者以较低的成本提供尚好的价值，即成本领先。有效的战略定位要求企业在价值和成本之间加以取舍。蓝海战略是对传统战略逻辑的突破，打破价值和成本之间的取舍定律，为企业如何在动态竞争环境中营造竞争优势提供了新的思路：

（1）打破传统战略逻辑，并非着眼于竞争；

（2）以满足客户需求为出发点；

（3）力图使客户和企业的价值都出现飞跃，开辟一个全新的、非竞争性的市场空间。

> **案例学习**
>
> **年入 4 亿元！这个国货品牌怎么在洋货统治下杀出重围？**
>
> 在 700 亿元规模的中国玩具市场，乐高的市占率虽然只有 5% 左右，却几乎是唯一的高端积木品牌，国货们一直在寻找逆袭的突破口。
>
> 一个备受关注的品牌是布鲁可，它曾在 2020 年就成为天猫双 11 积木品牌榜的第二名，仅次于乐高，还卖到了全球 21 个不同国家。倍数级增长背后，布鲁可到底做对了什么？
>
> 1. 要高档次，就别想讨好所有人
>
> 已经年入 4 亿元的布鲁可，也曾走过一段弯路。在反复探索下，布鲁可发现乐高虽然市场反馈好，被称为 0~99 岁都能玩的玩具，其实缺乏细分品类布局。为此它制定了一个突围方向，为 6 岁以下的儿童做积木。
>
> 自 2018 年年底开始，布鲁可用一年时间研究幼儿积木，打出"1~6 岁儿童积木专家"的理念，很快就成了低龄宝妈群体中的爆款。在布鲁可天猫旗舰店，一款售价 239 元起的积木桶月销超 4 万件。
>
> 2. 绝不埋头苦干，更要重点发力
>
> 和大童相比，6 岁以下幼儿的注意力是较分散的，而这一阶段的家长也往往更加挑剔。怎么才能得到他们的认可？布鲁可先把自己的员工培养成了专业的积木玩家，在上海的总部大楼里，几乎到处都是积木。
>
> 只做产品当然是不够的，布鲁可还拍动画片。这些动画中，布鲁可积木做成的汽车是主角，穿插生活常识、交通知识和成长道理，用一个个故事吸引小朋友。
>
> 因为内容受小朋友喜欢，这些动画片在全国 14 家省级卫视及各大视频平台上播出，甚至入选了央视"CCTV 亲子品牌计划"。
>
> 因为产品与受众需求的贴合度高，品牌影响力大，布鲁可很快就成为幼童玩具爆款。

3. 布鲁可到底赢在了哪儿

在中国家长的高消费推动下，很多母婴品牌都在做高品质、高设计感的玩具，为什么布鲁可卖得最好？这背后是一个战略思维问题。布鲁可的产品、营销都是按照爆品战略的思维方式来做的，最核心的打法就是：在一厘米处，做到一公里深。对于儿童积木这一市场来说，只考虑到要做高品质、大颗粒，那就是没有重点。

而布鲁可的成功，正是因为它关注到了6岁以下儿童的最大痛点：绝对安全。"绝对安全"不仅仅是幼儿对积木用料安全的需求，每一个积木套装的拼装设计、色彩搭配，动画片里面的一个个故事，都是它给消费者打下的价值锚。只有把价值锚打结实，消费者才会对产品有感知。

（微信公众号：金错刀，2022-08-23）

二、用好蓝海加减乘除表

《孙子兵法》说："兵无常势，水无常形。能因敌变化而取胜者，谓之神。""蓝海加减乘除表"是一个四步动作框架图。为了创造新的价值曲线，打破差异化和低成本之间的取舍定律，有四个问题对挑战产业现有战略逻辑和商业模式至关重要。

（1）哪些被产业认定为理所当然的元素要剔除？（剔除）
（2）哪些元素的含量应该被减少到产业标准以下？（减少）
（3）哪些元素的含量应该被增加到产业标准以上？（增加）
（4）哪些产业从未有过的元素要被创造出来？（创造）

"剔除—减少—增加—创造"四个坐标格重构了客户价值元素，塑造了新的价值曲线，可以帮助企业摆脱竞争对手，开创一片无人竞争的新领域。

助勃工具

以价值创新为核心的"蓝海加减乘除表"

价值创新是开创蓝海、突破竞争的战略思考和蓝海战略执行的新途径。通过增加和创造现有产业未提供的某些价值元素，并剔除和减少产业现有的某些价值元素，同时追求"差异化"和"成本领先"，即以较低的成本为买方提供价值上的突破，从而获得企业价值和客户价值的同步提升。

四步动作框架图中（见图6-13），做减法是减少投资，把成本降低到竞争对手之下；做加法是通过增加投入来提升买方价值；剔除和创造两个动作则使企业跨越了以现有竞争元素为基础、追求价值最大化的限制，改变竞争元素本身，使现有的竞争规则变得无关紧要。

检查归纳

复盘评价

图6-13 以价值创新为核心的"蓝海加减乘除表"

案例学习

太阳马戏团的"剔除—减少—增加—创造"坐标图

太阳马戏团是加拿大蒙特利尔的一家娱乐公司及表演团体,也是全球最大的戏剧制作公司。成立30多年,已为近50个国家300余座城市的1.6亿名观众演出,形成了与美国迪士尼相媲美的世界级文化品牌。太阳马戏曾经是发展最快、收益最高、最受欢迎的文艺团体,被誉为加拿大的"国宝",也是加拿大最大的文化产业出口项目。它是如何做到的呢?如图6-14所示。

太阳马戏团诞生之初,其他马戏团都集中力量向竞争对手行业龙头的玲玲马戏团看齐:集中精力推出动物表演秀,雇用表演明星,在马戏场设置圆形表演场以同时进行多场表演,推行场内特许销售等。

而太阳马戏团则剔除这些元素。因为公众对虐待动物的行为越来越不满,而且动物表演成本昂贵,不仅包括购买动物,还包括动物驯养、医疗、圈养、保险和运输的花销。此外,剔除了马戏明星表演。在观众眼中,马戏明星和电影明星相比,实在不足挂齿。多台同演还增加了表演者的人数,抬高了成本,同时,观众的感官效果反而打了折扣。场内特许销售价格高昂,让观众有上当受骗的感觉。

此外,太阳马戏团将各种惊险的技巧性表演与超出想象力的舞台舞美装置相结合,在现场乐队的伴奏下带给观众超越平常的娱乐享受。如,将帐篷这一马戏表演经典元素设计得外观辉煌,内部却更为舒适;保留了小丑,却将其幽默从闹剧型转向迷人型和高雅型;杂技和其他惊险刺激的表演戏份减少,却创造性地融入了戏剧元素,如贯穿整场演出的故事线索、与之相辅相成的思想内涵和富有艺术气息的音乐与舞蹈。因此,太阳马戏团比照戏剧表演的票价进行战略定价,所定的价格比传统的马戏提高了好几倍,居然还能得到观众的追捧。

剔除 马戏明星表演 动物表演 多台同演的表演场 场内特许销售	增加 价格 独特的场地
减少 小丑数量和喧闹 表演的危险性和刺激性	创造 表演主题 高雅的观看环境 戏剧的线索和故事情节 艺术性的音乐和舞蹈

图 6-14　太阳马戏团"剔除—减少—增加—创造"坐标图

[曹晓宁，高雾霆. 解密太阳马戏团 [J]. 杂技与魔术，2007：36-38]

在制定和执行蓝海战略的过程中，企业还必须遵循六项原则（见表 6-2），否则会立刻进入另一个红海竞争中。这六项原则是重建市场边界、重视全局而非局部、超越现有需求、遵循合理的战略顺序、克服关键组织障碍、将战略执行变成战略的一部分。

表 6-2　蓝海战略制定原则

战略制定原则	各原则降低的风险因素
重建市场边界	↓找寻的风险
重视全局而非局部	↓规划的风险
超越现有需求	↓规模的风险
遵循合理的战略顺序	↓商业模式的风险
克服关键组织障碍	↓组织的风险
将战略执行变成战略的一部分	↓管理的风险

绘制你的"蓝海加减乘除表"

有世界观基础的方法论，才能水到渠成，顺理成章；缺乏世界观基础的方法论，都是赶鸭子上架，揠苗助长。

做生涯战略的第一步，永远要思考的是你要什么样的生活。人生当有人生的意义，生命当有生命的价值。志不立天下无可成之事。通过前面的"个体成长的破圈模型"和"人生平衡轮"，我们已经得到了答案。

学习计划

第二步,就是要思考,为了达成这个(些)人生目标,你分别可以如何做?"蓝海加减乘除表"在微观上指导我们具体执行(战术),通过做对一系列小事,确保日常每一次行动能够支持整个大战略的向前推进。

请绘制你的"蓝海加减乘除表"(见图6-15),切记时刻围绕"以因地制宜、以弱制强为原则,以价值创新为基石"展开你的思考。

图6-15 你的"蓝海加减乘除表"

任务执行评价见表6-3。

表6-3 任务执行评价

序号	评价维度	评价内容	所占分值/%	自我评价（30%）	小组评价（20%）	教师评价（50%）
1	任务完成情况	学习自觉性高,积极主动,一丝不苟。遵守时间,能在规定时间内完成并上交	10			
2	任务呈现形式	如实记录,表达准确,条理清晰,内容丰富,图文并茂,有一定的创新力	20			
3	行动工具的运用	正确使用行动工具,作业步骤清晰,能够举一反三、融会贯通	25			
4	任务成果的达成	思想上积极上进,有强烈的求知欲和进取心,能够立足专业、提升技能、夯实基础,综合素养得到全面提升	25			

续表

序号	评价维度	评价内容	所占分值/%	自我评价（30%）	小组评价（20%）	教师评价（50%）
5	学习小组合作情况	团队目标明确，沟通顺畅，有团队协作精神，有领导组织能力	20			
		小计				
		合计				

 心得记录

项目五　钉钉子

【项目导读】

干事业好比钉钉子，钉钉子是要一锤一锤接着敲，才能把钉子钉实钉牢。钉牢一颗再钉下一颗，不断钉下去，必然大有成效。干事业何尝不也是如此？一个人、一个单位、一个地区面貌的改变，并非一朝一夕之功，都需要沿着正确的目标久久为功、持之以恒。

本节，我们将结合自己的实际情况，用新的思路制定目标、绘制一幅创业版人生蓝图。树立正确的事业观、财富观，不盲目攀比，多做打基础、利长远的事，求真务实、脚踏实地，真正做到对自己、对社会、对人民负责。

任务 7　绘成你的创业版人生地图

●【任务关键词】

财富地图

●【行动工具包】

（1）ESBI 财富地图；
（2）贝克哈德变革方程式。

●【任务成果箱】

建立心中有信仰脚下有力量的奋斗观。

●【知识目标】

（1）掌握 ESBI 财富地图的四象限定义；
（2）理解贝克哈德变革方程式的各要素；
（3）理解"努力"的内涵与外延。

●【能力目标】

（1）能正确使用行动工具"ESBI 财富地图"绘制符合个人情况的财富成长路径，提高大学生职业规划、生涯规划、财富规划的能力；
（2）能够运用行动工具"贝克哈德变革方程式"制定个体努力的多维路径。

●【素质目标】

（1）借助行动工具"ESBI 财富地图"定位人生，树立远大理想，提升个人使命、社会责任；

(2)通过重新定义"努力",建立个体奋斗观。

> 学习计划

步骤一、财富地图是什么

——掌握 ESBI 财富地图。

一、列自己的人生清单

人的一生就是一个或荡气回肠或幽远婉转的项目。从婴儿时的好奇到少年时的壮志凌云,再到中年时的磨去棱角,再到老年时的乐享天伦……这种标准化的模式里,你想过个性化的人生路吗?比如另辟蹊径,曲径通幽,爱一个人、攀一座山、追一个梦,让时光都变成美丽的风景。

你可忘了自己曾经的梦想?为什么前行?想得到什么、要去哪里、理想的生活状态是什么样子?稻盛和夫说:"内心没有呼唤过的东西,不会自动来到自己身边。"吸引力法则说:"思想集中在某一领域的时候,跟这个领域相关的人、事、物就会被它吸引而来。"所谓磨刀不误砍柴工,现在让我们为自己列一份人生清单,立定更明确的生活目标,帮助我们对职业、对生涯做更好的思考和规划。

> **课堂互动**
>
> 请从职业规划、生涯计划的角度谈谈自己的财富选择,用3~5句话描述一下自己的财富设想。
>
> 1. _____
> 2. _____
> 3. _____
> 4. _____
> 5. _____

> **吸引力法则是真的吗**
>
> 吸引力法则存在,但是大部分人都用错了。
>
> 吸引力法则的关键词是"相信",而不是"想要",这个是核心问题。你"想要"什么就会得到什么,才怪!

比如你没有钱,想要得到钱,这个时候你最强烈的感受其实是"没有"和"恐惧",输出的信号是"害怕自己没有钱",外在世界感知到的是"贫穷"。恐惧和匮乏的频率会吸引更多的恐惧和匮乏。

比如你没有钱,但是你相信自己"会有钱",这个时候你最强烈的感受就是"会有",输出的信号就是"自信"和"丰盛",外在世界感知到的是"富有"。自信和丰盛的频率会吸引更多的自信和丰盛。

爱也是一样。

心想事成,"心"很重要。所以要小心自己的起心动念。

外在的一切都是内在的映射。我们常常觉得,外在现实改变的时候,我们就会开心、平静和满足了。但事实是,我们需要先感到开心、平静和满足,然后外在现实才会跟着改变。"知足者常乐""心底无私天地宽"就是这个道理。

把你想要的东西,想象成是一颗种子,不管是你自己,还是宇宙,都需要时间和过程。相信它会自然而然地长大,你只需要浇水施肥。毕竟,不去行动,全世界想帮你也帮不上。

做一块磁铁,你内在的感受越美好,你就会吸引到更多的美好。

(人类维修师 MMMia,《吸引力法则是真的吗》,知乎,https://www.zhihu.com/question/19954318。)

二、富爸爸的财富象限图

世界著名的财商教育专家罗伯特·清崎先生,在他的富爸爸系列丛书《财务自由之路》一书中,根据收入来源的不同把人们划分为四个象限(见图7-1)。

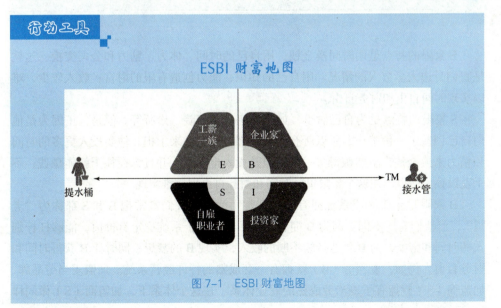

图 7-1　ESBI 财富地图

↪ 心得记录

位于左边象限的是工薪一族、自雇职业者（专业人士、小生意人等），他们靠时间、体力、知识和技能换取金钱，获得的是提水桶式的主动收入。位于右边象限的是企业家和投资家，他们靠企业系统、财务系统赚钱，获得的是管道式的被动收入。

请你想想，以上四个象限的人群，他们收入方式的区别是什么？

1. E象限：为谁工作？创造财富会面临哪些限制？
   _____

2. S象限：为谁工作？哪些状况可能令他们不满？
   _____

3. B象限：谁为他们工作？最应该关注的问题是什么？
   _____

4. I象限：谁为他们工作？应该具备哪些能力？
   _____

5. 左边象限的群体获得的是什么性质的收入？右边象限的群体获得的是什么性质的收入？
   _____

6. 绝大多数人积累个人财富是从哪个象限开始？
   _____

7. 我们是否可以同时横跨多个象限获得不同收入？
   _____

8. 结合最新的中国富豪排行榜单想想，你更希望获得什么样的收入？为什么？
   _____

E象限的特点是用时间换金钱，用自己的时间、体力、脑力和公司交换，这就是我们身边大多数人的情况。用自己的知识、能力创造有限的财富，收入较少，难以实现时间自由和财务自由。

S象限的特点是为自己做事，如开饭店、美容院、诊所等。但是，正因为是他们自己创造了一份工作，所以所有的风险都是由自己来承担。他要投入更多的时间和精力来换金钱，虽然赚得多一些，但是投入也更大。并且，往往干就能赚钱，不干就没钱。所以，在这个象限里，时间和财务自由也较难实现。

B象限是企业家或系统拥有者。日常生活里，我们常常把B和S都称为"老板"，但他们有所不同。因为B拥有一个系统，这个系统稳定有价值，能够杠杆别人的时间和金钱，为B创造持续不断的收入，实现B的梦想，同时让B获得时间和财务自由。例如，麦当劳（B）就拥有一套成熟的特许经营系统。加盟麦当劳品牌，加盟商（S）就拥有了麦当劳成熟的商业体系。在这个体系下，加盟商（S）做同样的装修、卖同一个口味的汉堡包，运用这个系统就可把生意做起来。

I象限是投资家，通过投资赚钱，用金钱为自己创造财富。成为I往往有很高的门槛和风险。I也可以拥有时间和财务自由。

检查归纳

心中有信仰 脚下有力量

意大利经济学家维尔弗雷多·帕累托于1906年提出了著名的关于意大利社会财富分配的研究结论：二八定律（帕累托法则，Pareto Principle），即20%的人口掌握了80%的社会财富。

但是，世界上最贫穷的人并不是来自ESBI任何一个象限的人，而是没有梦想和动力的人。当你开始为自己、为家人、为团队树立前进的目标，当你开始思考和研究如何在ESBI象限中实现它，当你开始为自己制定清晰的行动方案和时间表时，你就充满了积极的能量、拥有了真正的力量。信仰是旗，凝聚奋进力量；信念是炬，照亮人生征程。坚定追随你青春的梦想，它就是未来真实的投影。

案例学习

低调到成为全国首富：揭秘农夫山泉钟睒睒"独狼"的本性

如果不是因为农夫山泉成功上市，创始人钟睒睒（shǎn）成为中国首富，很多人都没听过这个名字，很少看到关于他的新闻报道，甚至，不少人连"睒"字怎么读都不知道。

在此之前，大众的印象是，首富多半是房地产、互联网、石油等领域的大佬。做快消品的，小打小闹，能成功，但要成为"首富"谈何容易。然而，钟睒睒一鸣惊人，改变了这种刻板印象。

很多人好奇，一个做水的，到底是怎么能成为首富的？

细数钟睒睒的创业历程，从求学、打工、创业，从保健品入手，转到做农夫山泉、做生物医药，几乎白手起家，却决意要奔向星辰大海，纵使百转千回，也不改东流，绘制了波澜壮阔的商业版图。

1954年，钟睒睒出生在浙江省诸暨市。五年级的时候就辍学，成为一名泥瓦匠。恢复高考后，钟睒睒报读了电大（今天的浙江广播电视大学），后来凭借扎实的专业知识，通过了《浙江日报》的选拔，成为一名记者。对这份来之不易的工作钟睒睒倍加珍惜。为了把这份工作做好，他虚心跟着前辈学习，风雨无阻跑到各地去采访，5年的时间里，跑遍了浙江省80多个县。

上世纪90年代，国内生活水平不断提升，尤其是在沿海经济发达地区，人们在满足了基本的物质文化需求之后，开始注重养生之道。钟睒睒敏锐地发觉到这个商机，决定放手一搏。

当时，一种龟鳖煲制的养生汤在海南十分流行，兼具美味和滋补的特点，颇受当地人喜欢。钟睒睒大受启发，成立了养生堂公司。

方向有了，但如何将这种养生汤变成好的产品呢？公司聘请了专家团队进行产品研发。为了生产更好的产品，钟睒睒亲自带队，不惜投入大量研发资金，用真材实料制作产品，经过了数百次的尝试，终于发现了口感、效果俱佳的完美比例。

其产品以"天然龟鳖为原料，根据中医传统理论配方。用现代超低温冷冻结技术，在零下196摄氏度下使全龟全鳖脆化成微粉"，被称为"养生堂龟鳖丸"。龟鳖丸受到市场广泛好评，很快就从海南销往全国，不到一年的时间，就为钟睒睒赢得了人生的第一个1 000万。

当时，央视《焦点访谈》正好爆出了保健品行业乱象，揭开了行业用红糖水勾兑代替鳖精的丑闻。此时，钟睒睒的龟鳖丸也受到外界质疑。他亲自站出来，为自己的产品说话。此外，还主动邀请记者到工厂跟踪报道，证明自己的货真价实。一时间，钟睒睒和他的龟鳖丸声名鹊起，稳坐行业头把交椅。

经过了这件事情，钟睒睒更加清楚地认识到，生意要做得长久，就必须真心实意，绝不能有半点虚假。

慢慢地，随着保健品行业的红利期过去，很多品牌都在转型。彼时，昔日的老东家娃哈哈开始做起了纯净水，又推出了颇受市场欢迎的"AD钙奶"。凭借敏锐的市场触觉，钟睒睒看到了水和饮料在未来的广阔空间。

1996年，钟睒睒回到老家浙江，成立了千岛湖养生堂饮用水有限公司，并将自己的瓶装水命名为——农夫山泉。那一句"农夫山泉有点甜"的广告语，很快传遍了大江南北。

2012年，农夫山泉的单品瓶装水销量跃居全国第一，当年集团的资产超过130亿元，成了国内瓶装水的领导者。同时，农夫山泉把广告语改为"我们不生产水，我们只是大自然的搬运工"，再次征服了消费者。

把普通的瓶装水做到了极致，钟睒睒又开始进军高端市场和细分领域。从"农夫果园"系列混合果汁饮料，到"尖叫"系列功能饮料，到制定了"0糖、0脂、0卡、0香精、0防腐剂"茶饮新标准的东方树叶，水不单单是一种产品，更是一种生活理念。

农夫山泉还与网易云音乐玩转跨界营销，共同推出限量款"乐瓶"，与故宫联合推出了农夫山泉"故宫瓶"，推出生肖纪年瓶……各种高级营销不仅让农夫山泉屡屡出圈，还借力传统文化彰显出自己的社会责任感。

2020年，农夫山泉在香港上市，开盘后股价大涨，市值最高时逼近4 500亿港币。创始人及董事长钟睒睒，也以600亿美元的身价成为新晋中国首富。此时，公众才发现，此前十分低调的钟睒睒，原来已经成为首富了。

钟睒睒曾经说过，自己只崇拜两个人，一个是苹果公司的乔布斯，一个是华为公司的任正非。众所周知，任正非在华为打造"狼性文化"，钟睒睒也曾被媒体称为"独狼"。因为他"喜欢较量，像狼一样挑战恶劣的环境，主宰自己的命运"。

正是因为有这样的本性，他才能把水做到极致，让自己"低调地"成为首富。在农夫山泉发展过程中，屡次遭遇危机，但看惯风雨飘摇的钟睒睒，从来都没有畏惧，每次都能带领公司突出重围，化险为夷，从一个千岛湖旁边起步的企业，发展成为拥有十大天然水源，年产值数百亿的大企业。

在商场，要战吗？狼可从来没怕过。

（内动力盈利咨询，百度百家号，https://baijiahao.baidu.com/s?id=1733702766544240590&wfr=spider&for=pc）

请思考并回答以下问题：
1. 钟睒睒的产品打造了哪些特色被消费者认可？
2. 钟睒睒的收入主要来自财富地图的哪个象限，由哪几部分组成？

 今日资讯

步骤二、为什么我"变"了

——能够结合个人情况，对未来的财富状态进行一次认真的思考。

一、选定你的财富目标

选择ESBI哪个象限定位人生，需要结合个人具体情况。没有硬性标准，每个人都要选择适合自己的象限定位人生，因为适合自己的才是最好的。无论我们选择ESBI哪个象限定位人生，最终都是为了真正实现自己的人生价值。成功是相对的，成长却是我们一生都要做的功课。当我们努力地成长到一定阶段的时候，成功只不过是伴随而来的副产品。明确了这一点，我们就会把关注点放在选择能够帮助自己成长的团队、工作上，抓住能让自己成长的机会上，而不仅仅是能得到多少工资或报酬。

拓展创新与创业对每个个体的内涵

我们如果将创新局限于传统的狭小领域——科学发明发现，将创业局限于过去的狭隘范围——独立创办企业，那么创新创业对于普通大众而言真的就是一个天方夜谭。但如果我们拓展创新与创业的内涵，就能从创新与创业对每个人成长的意义出发、从生命价值角度出发，看到不一样的创新创业。

学习计划

对于个体而言，创新是一种观念更新并带动行为方式调整的过程，其本质就在于实现自我认识的革新，以最终实现自我认识的超越。

每个人的成长过程中都会遇到一系列挑战，正是在应对这些挑战的过程中人才得以成长。人们在应对挑战的过程中需要改变自己的认知方式，以此适应环境的变化，这实质上就是一个创新过程。

创业也是如此。人要在这个社会活下来，首先要有生存的基业。这个基业往往是从就业开始，然后以实现人生重大目标终止，中间以满足社会需要为过程。一个人如果不能满足社会需要，就无法获得社会的回馈，进而无法谋得生存的酬劳，当然也就无法实现自己人生的宏大目标。所以，一个人能够满足社会需要、创造社会价值，是创业成功的标志。而满足社会需要、创造社会价值也是一个人健康成长的价值坐标。

［王洪才，郑雅倩. 创新创业教育的哲学假设与实践意蕴[J]. 高校教育管理，2020（6）：34-40］

投票：打工还是创业，是你人生中的一个重大选择。请根据ESBI象限图为你的人生做一个终极状态选择。（　　）

A．E象限　　　　　　　　B．S象限
C．B象限　　　　　　　　D．I象限
F．多象限跨越发展

对比任务1中第10页的投票结果，分析一下，在人生终极目标上，你的认知发生了哪些变化？

二、绘制你的财富地图

绘制你的个人财富地图

刚才，你对自己的人生终极状态作出了一个选择。现在，请：
1．逆向倒推，找到你的职业起点，写出你拟定选择的初始职业。

2．想想你将如何达成上题的人生终极状态。请具体说明你可能经历哪些象限的成长，以及需要作出哪些努力和奋斗。

_____
_____
_____
_____

3．绘制你的个人财富地图（见图 7-2）。

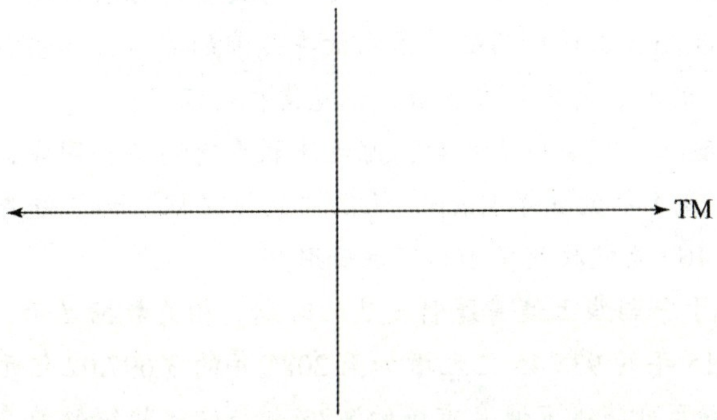

图 7-2　你的个人财富地图

案例学习

Keep 创始人王宁：用科技"让世界动起来"

坊间有一种说法，Keep 源于创始人王宁的一次失恋。据传，毕业于北京信息科技大学计算机专业的王宁，在大学期间谈了一场风花雪月的恋爱。2014 年，他在难忘的"毕业季"里，和心爱的"她"分手了。情感的失落，让王宁下定决心减肥。

但作为一名正在实习的学生，王宁没有多余的钱去请教练，办健身卡，于是，花了几个月时间，在网上搜集各种健身和减肥知识，并为自己制定出了一套科学有效的方案，最终王宁减重 50 斤！

成功瘦身后的王宁，成为众人追捧的"顾问"。不断有好友向王宁请教成功的秘诀，而他也从不吝啬，将自己搜集到的各种素材、链接倾囊相授。

但面对一大堆纷繁复杂的链接和视频，他的朋友们又发出了诸多进一步的提问："我适合哪一种方案啊？应该从什么动作开始练起？"当每天都被这些问题轰炸的时候，王宁突然萌生了一个念头：我能否创办一个指导"小白"的健身 App？

项目五　钉钉子

心得记录

  回想起自己的减肥经历，王宁发现在那段痛苦而又漫长的过程中，确实没有一款产品能帮助他一次性解决困惑，Keep的初创想法就此诞生！但他明白，不能打无准备的仗，必须先了解自己要进军的市场才行。

  学计算机的王宁有着"大数据思维"。他通过分析百度指数发现，与健身、瑜伽、跑步等体育运动相关的关键词，2014年之后上升非常快，而搜索这些词的人群，年龄层在29~39岁的比例超过51%。

  当时市场上的健身App主要有悦动圈、咕咚、每日瑜伽、糖豆、小米运动等。悦动圈和咕咚着眼于跑步发烧友；每日瑜伽针对的是热爱瑜伽的女性；糖豆主要做的是老年广场舞教育；而小米运动则依托于小米智能手环，主要功能是记录运动数据。一番调查后，王宁不由眼前大亮：目前市场上还没有一款专门做健身指导的App出现！而随着国内健身热浪的席卷，和当初的王宁一样有着同样瘦身需求的人，肯定不在少数，他觉得机会来了！

  王宁是行动派。有了想法之后，他迅速联系前同事和同学，乘着移动互联网的东风，于2014年创立了Keep。凭借"免费课程"和"健身社交"两大法宝，Keep上线100天就收获了100万注册用户。

  Keep诞生于中国线上健身蓬勃发展的时期。相关数据显示，中国线上健身市场规模从2015年的935.45亿元增加至2021年的3 697.02亿元，复合年增长率25.8%，远高于同期线下健身市场的8.2%。与依赖传统的健身房进行线下健身模式比，Keep的优势独特又明显。首先，用户不受时间和地点的限制；其次，健身所需的投入也少了很多。

  喊着"自律给我自由"的口号，Keep依靠优质的健身内容，不断吸引用户注册，聚集了生活中愿意尝试和重视健身的人群，以专业健身教练直播或制作教学视频等方式，演示易于理解的"课程"来吸引用户，创建了一个社交和互动的巨大空间。

  2020年和2021年，Keep平台平均月活跃用户分别为2 970万和3 440万，共记录约17亿次锻炼次数。一项问卷调查显示，70.1%的健身者都知道Keep。

（党团范文网，2022-03-15，http: //www.oncloudtrip.com/gongwenfanwen/2022/
0315/176442.html）

请思考并回答以下问题：
1. 创始人王宁在创业前做了哪些准备工作？
2. Keep App获得成功的要素有哪些？

步骤三、找到你的财富成长路径

  ——能够结合个人财富成长地图，设计符合个人情况的财富成长路径。

> **有效工具**
>
> 你是在方程式的左边还是右边?
> 贝克哈德变革方程式
>
> $$D \times V \times FS > RC$$
>
> 对现状的不满 × 对未来的愿景 × 第一步实践 > 变革阻力?
>
> D（Dissatisfaction，不满）代表对当前状况的不满;
> V（Vision，愿景）代表对未来状态的期望;
> FS（First Step，第一步）代表迈向愿景的积极行动步骤;
> RC（Resistance to Change）代表当下对变革的抗拒。
>
> 贝克哈德变革方程式的左边是改变因素，右边是阻力因素。个人思想、家庭、组织、国家等要发生真正转变，需要三个必要的改变因素，即 D，V，FS。为了保证改变的持续性，D，V，FS 三者的乘积必须大于 RC（当前对变革的抗拒力量）。
>
> 更重要的是，因为"对现状的不满""对未来的愿景""第一步实践"三者之间是相乘的关系，也就是说，要克服变革阻力，三个因素一定要大于零。任何一个因素等于零或接近零，则真正的转变就不会发生。只有三个变量都非常强大，变化才最大。
>
> 无论是个人改变，还是组织变革，都富有挑战。用改变公式做诊断，可以更方便地定位问题出在哪里。例如，当一个人希望改变但又遇到困难，就可以查看是哪个因素数值过低。"对现状的不满"重点要分析自己真实的要求和改变现状的决心;"对未来的愿景"要明确自己找到了有核心价值且清晰、无法抗拒的愿景，"第一步实践"要诊断自己是否迈出了明确可行的第一步。
>
> **请思考并回答以下问题:**
> 假定 D，V，FS 的分值是 –10~10，算算你对自己的人生终极目标的达成意愿有多强烈。

⇨ 检查归纳

一、明确你努力的维度

无论你把自己的未来定位在 ESBI 的哪个象限，你都已经明确了自己努力的方向。就像我们在任务 1 里提到的，"在岗位上，一切都是为了自己。"那么，现在你准备好拿出创业者的精神和斗志，把"成功创业者"当作你燃烧青春的职业岗位、当作你毕生奋斗的伟大事业，并为此而努力了吗?努力的维度又有哪些呢?

身体上的努力，不如思想上的努力

如果说辛苦，特别是体力上的辛苦就能赚到更多钱，那么清洁工无疑应该是更富有的。但现实并非如此，并且差距非常的远。

虽然这是职业分工的结果，但我们知道，只有创造更大的价值，才可以得到更多的收入回报。

身体上的努力往往容易被看见、被感知、被做到，但也容易被超越，而思想上的努力却常常被忽视。

思想的努力不仅有头脑（理性）的努力，要学思维、学逻辑、学智慧；还有心上（感性）的努力，要细致、要投入、要专注、要共情。

思想上的努力决定了方向。在错的方向上，越是努力错得就越远，就像南辕北辙的故事。

真正的努力是比拼在时间上的投入产出比，因为时间没有贫富之别，人人都是24小时一天，无法积累、无法储蓄。因此，努力的本质是大脑的积极运转、精力的专注高效、思维的深度觉知。千万不要用身体上的努力，掩盖思想上的懒惰。

（《身体上的努力，不如思想上的努力》企鹅号：张生杂谈，https://new.qq.com/rain/a/20201214A0L44L00）

什么叫"竭尽全力"

有这样一个故事：一对父子在海边堆石头，父亲让儿子把一块石头搬走，儿子想了很多办法也无法完成，想放弃了。父亲问儿子："你竭尽全力了吗？"儿子回答："我竭尽全力了。"父亲说："你没有，我就在你身边，你并没有向我求助，我本可以轻松帮你完成。"

思考并分享在"努力"这件事上，你可以怎样做得更好，试试从宽度、深度和频率三个维度分别展开。

1. 身体的努力：_____

_____

2. 用脑的努力：_____

_____

3．用心的努力：_____
_____
4．用嘴的努力：_____
_____

 今日资讯

二、确认你努力的效果

"每天进步一点点，努力成为更好的自己"是网络上一句很流行的口号。努力是手段，是可控的；进步是结果，并不完全掌握在自己手中。努力了却没有进步是会发生的。如何优化手段以便尽可能促成想要的结果是我们需要思考的问题。《请停止无效努力》这本书为我们提供了一些可参考的思路。

《请停止无效努力》读书笔记

1．思维当然重要，但要形成一定的思维，前提必然是先要有一定的知识积累。就像学理财第一步永远是让你储蓄一样（毕竟要理财得先有财），没有基础知识，学不会深度思考。

2．知识是学不完的，人的精力有限。把时间花在什么地方，一开始都是迷茫的。很多人一辈子也难活明白，一生中总是充满着永不止息的迷茫。只有实践、认识，再实践、再认识。入门容易，精通难。要有所行动，然后你才能认识自己，才能找到自己想干、要干、擅长的事。

3．如果你想给持续性混吃等死、间歇性踌躇满志的生活带来一剂强心针，那么，就时刻提醒自己：努力是手段，进步是结果；希望有好的结果，先要拿出行之有效的手段；企图心要强烈，意志力要坚定，行动力要强悍。

4．有人说我只是进步得慢一点而已，谁能说我没在进步？是的，在绝对值上，我们每天都在进步，但对于人类社会而言，相对进步才更有意义。就好比你的存款，跑不赢通胀就是缩水，而人类社会的整体进步也是通胀，你跑不赢这个通胀一样不行。所以，别说是无效努力，哪怕是低效努力，都是一种退步。毕竟，任何领域都是按排名来分配资源的。

项目五　钉钉子　121

学习计划

5. 我们以为在学习中学到那些确切的特定知识最重要,但其实知识本身就只是知识,能否将知识转化为能力才是核心,我们最该学习的是如何学习。

6. 每个人都希望自己变得更好,因为变得更好可以得到更多。有人说,我就不愿意变得更好。你在撒谎,你只是不愿意付出变得更好的成本。有人说,这太功利了。不,是你想得太功利了,让自己变得更好不一定是让自己变得更有钱,家庭温暖、关系和谐、自我成长同样是欲望。

7. 别看很多人浑浑噩噩,这个世上没有人会排斥努力,排斥的只是伴随努力而来的成本。将努力可以带来的成果除以需要付出的成本,我们可以得出一个数字,把它跟每个人心目中的平衡数字相比较,只要高于这个平衡数我们就会行动起来,而高出的比例则决定了我们行动力的强弱。

(蔡垒磊,《〈请停止无效努力〉读书笔记》豆瓣书评,https://book.douban.com/subject/26936065/)

想成为什么样的人,就去学什么。你越能掌控自己的投入,承担的风险就越小。思考并分享:在 ESBI 四象限,学习的重点分别是什么,你分别需要掌握哪些技能、培养哪些能力?见图 7-3。

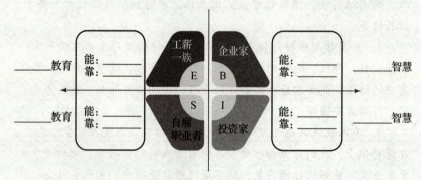

图 7-3　ESBI 四象限的学习重点

任务执行评价见表7-1。

表 7-1 任务执行评价

序号	评价维度	评价内容	所占分值/%	自我评价（30%）	小组评价（20%）	教师评价（50%）
1	任务完成情况	学习自觉性高，积极主动，一丝不苟。遵守时间，能在规定时间内完成并上交	10			
2	任务呈现形式	如实记录，表达准确，条理清晰，内容丰富，图文并茂，有一定的创新力	20			
3	行动工具的运用	正确使用行动工具，作业步骤清晰，能够举一反三、融会贯通	25			
4	任务成果的达成	思想上积极上进，有强烈的求知欲和进取心，能够立足专业、提升技能、夯实基础，综合素养得到全面提升	25			
5	学习小组合作情况	团队目标明确，沟通顺畅，有团队协作精神，有领导组织能力	20			
		小计				
		合计				

心得记录

项目六　亮点子

【项目导读】

亲爱的同学们，创业从来不是一件简单的事情。每一位创业者和想要创业的人都必须思考：我们为什么创业？怎样才能发现好的项目？怎样才能在激烈竞争中立于不败之地？

我们都知道，站在山顶看风景一定比在半山腰看得更远，看得更美。所以，创业不能仅仅是为了赚钱，如果能拥有更高的境界格局、更远的理想追求、更多的社会责任感，我们从创业中获得的会多得多。

今日资讯

任务 8
破解你的企业价值密码

- **【任务关键词】**

  闭环

- **【行动工具包】**

  （1）价值思维下的 GROW 模型；
  （2）5 Why 分析法；
  （3）头脑风暴讨论法。

- **【任务成果箱】**

  （1）培养企业家精神并落实到个人行动中；
  （2）坚持解放思想和实事求是相统一的辩证思维。

- **【知识目标】**

  能够说出寻找创业机会的 3 个创新方法。

- **【能力目标】**

  （1）能正确使用三大创新方法；
  （2）能运用三大创新方法找到至少 10 个开创商业项目的机会，并记录下来。

- **【素质目标】**

  （1）"利用各种问题找机会"环节融入同理心教育，形成设身处地思考问题的习惯；
  （2）"头脑风暴讨论"环节提升发散性思考能力和逻辑思考能力；

项目六　亮点子　125

（3）"实施市场调研"环节将钻研精神、坚持精神、工匠精神、科学家精神融入生活和工作。

行动工具

价值思维下的 GROW 模型

"创造价值"是创业成功的立命之本。我们在挖掘、筛选、分析商业项目构思时，需要结合 GROW 模型，以"创造价值"为最根本的目标，分析市场，选定方案，并制订切实可行的行动计划（见图 8-1）。

G（Goal Setting）代表目标设定；R（Reality Check）是现状分析，要搞清楚现状、客观事实是什么；O（Options）代表寻找并选定解决方案；W（Way Forward）代表制订切实可行的行动计划，并付诸行动。

本节我们将从蓝海战略的视角，寻找能够创造价值的商业项目，并对众多的项目机会分别进行现状分析，从而选定最终的项目方向，为接下来的项目实施做好准备。

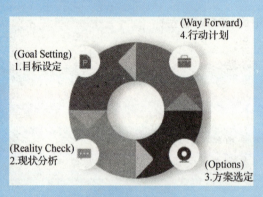

图 8-1　价值思维下的 GROW 模型

步骤一、金钱是什么？

——奔着"钱"去创业，大概率赚不到钱。
——金钱是对创业者梦想、态度、能力和价值力的回馈。

有位互联网"大咖"曾经说："无论我多么不想要钱，每天都还是被钱追着跑，你能体会吗？所以，你知道我多么痛苦吗？"可是，对大部分年轻人来说，他们的体会与此完全截然相反，"钱难赚"才是现实。

笑过之后，我们要不要想一想，为什么这位"大咖"会这么说，是因为他太有钱吗？而我们自己为什么会觉得钱这么难挣？区别到底在哪儿？

"大咖"说挣钱非常容易是真的，很多人说挣钱非常难也是真的，就像一个站在8 000米峰顶的人和一个站在山脚下的人，他们看到的风景自然是不一样的。事实上，钱根本不是赚来的，而是吸引来的。就像很多人说现在做成一件事很难，其实不是事儿做不成，而是人做不到。很多人说自己的命不太好，其实不是命不好，而是心不够强大。所以，如果我们对金钱的理解从根本上就错了，我们所追求的一切都会是背道而驰。

如果把金钱想象成一个有个性的人，我们就会发现，金钱往往更愿意追随思想和能量强大的人。如果仅仅将"创业"定义为赚大钱的手段，只是盼望有一天通过创业发大财，这样的人一定不会成功，因为这样的思想对金钱来说，没有什么吸引力。你会发现，凡是极度渴望钱、张口闭口就是钱的人，往往越是追逐、越是渴望，越难以得到它。

> **课堂互动**
>
> **刘芳的食品杂货店**
>
> 刘芳的一位邻居开了一家食品杂货店，生意一直非常好，刘芳看着眼热，也想开一家食品杂货店，自己当老板。于是，她把这一想法告诉了亲戚朋友和邻居。她家有一间房，适合开食品杂货店，她的丈夫帮她做了一些隔板和一个柜台。刘芳有些积蓄，加上从亲戚朋友那里借来的钱，足以用于进货。在申请到营业执照后，她的食品杂货店就开业了。
>
> 一开业，食品杂货店的经营就遇到了问题，来她店里的顾客远不及去邻居店里的多。而且，她的孩子告诉她，邻居的店铺现在经营情况也不怎么好。
>
> （中国就业培训技术指导中心. 创办你的企业：创业意识培训册[M].
> 北京：中国劳动社会保障出版社，2019）
>
> **请思考并回答以下问题：**
> 1. 刘芳的食品杂货店为什么会出现问题？
> 2. 刘芳在这种情况下还能做些什么？
> 3. 通过这个练习你得到了哪些启发？

"金钱思维"是一个人的智商、情商、财商、逆商的具体体现。中国民生银行的创业董事冯仑曾说："现在你看到的很多成功者，刚开始肯定不如其他人有钱。他们怎么超过去了呢？为什么钱跑到这些人手里呢？财富有财富的道理。是钱以外的能力、价值观、态度吸引了一批理解他们的人，一群优秀的人在一起，最后钱就进入了他们的口袋。"所有的"富一代"，他们并不是一开始就有钱，之所以能够无中生有，创造巨大的财富，在多年后超越同龄人，跟他们是否有背景、关系、资金等因素没有太大关系，而在于他们的生命状态是"钱喜欢的味儿"。

《道德经》第二十三章说："从事于道者，同于道。"外在金钱的获得是一个人思想高度和能量强度的显化。你在现实世界体验什么、获得什么，就能创造什么。一个人的生命状态越高，就越能"无中生有"。

所以，我们不是先有金钱再有梦想、态度、能力和价值力，而是拥有了梦想、态度、能力和价值力才能获得财富的回报，创业者一定不要搞错了顺序。如果你有真东西、好东西，确实能够给国家、社会、市场创造价值，那么财富自然也会追着你跑。

步骤二、为什么企业家获得财富的方式更值得推崇？

——理解企业家和商人的区别。
——理解新时代的创业者要为自己的事业设定一个更高的行业使命，能够主动承担更大的社会责任。

一、商人和企业家的定义

商人是指以一定的自身或社会的有形资源或无形资源为工具获取利润并负有一定社会责任的人，或者是指以自己名义实施商业行为并以此为事业的人士。

"企业家"这一概念由法国经济学家理查德·坎蒂隆（Richard Cantillon）在1800年首次提出，其原意是指"冒险事业的经营者或组织者"。在现代企业中，企业家大体分为两类：一类是企业所有者企业家，作为所有者他们仍从事企业的经营管理工作；另一类是受雇于所有者的职业企业家。

1942年，熊比特在《资本主义、社会主义与民主主义》中，使"企业家"这一独特的生产力要素成为最重要要素。熊比特指出，所谓创新就是企业家对新产品、新市场、新的生产方式、新组织的开拓以及新的原材料来源的控制调配，企业家对生产要素的重新组合才是经济增长的基本动力，才是经济增长的内在因素，企业家被称为"创新的灵魂"。

英国雷丁大学经济学教授马克·卡森（Mark Casson）则提出了"企业家判断说"，对企业家和企业家职能进行了界定。卡森认为，企业家的功能是企业家判断，企业家就是专为稀缺资源协调作出判断的人。在企业家功能上，除肯定熊彼特的"创新功能"外，他还提出套利功能和创造市场的功能。企业家通过中介和内部化两种方式降低交易成本，改进交易制度，促使市场形成。

二、商人和企业家的区别

虽然说商人和企业家经济目标一致，都是为了使利润最大化，创造更多的价值，但现在对其定义的理解却出现了差异。

商人偏向于商业流通服务领域多，起中间商的桥梁作用；而企业家偏向于生产制造企业领域，生产出市场需要的商品，通过许多中间环节或直销卖给消费者，换取相应的利润。

商人的灵活性大，赚钱、有利润的就做，不赚钱的就不做，会随着行情、时间的变换而变换，更会根据市场需求不断调整产品结构、价位、促销策略、广告等，目的性更直接些。企业家则追求更执着，投入的厂房、设备资金比较大，行业比较稳定，产品寿命周期比较长，不管遇到什么大风大浪，行情有高有低，也要顶住。虽说企业也通过产品创新、技术改造来降低成本、节耗降能，并调整产品线，加大销售力度，拓宽市场面，增强市场份额，企业内部也要通过管理挖掘潜能，理顺激励机制等，但在大的方向上，企业发展战略不会轻易变。

商人更倾向于近期利益，短视，在意一城一池、一朝一夕的得失，考虑目前多于将来，更易"打一枪换一个地方"，什么赚钱做什么，一切以赚钱为导向，考虑交易量的多、产品品牌的少，广告促销一切以销售量为中心。企业家则更倾向于长期利益，对企业品牌、产品品牌比较看重，注重维护企业声誉、产品品质。企业家管理企业时，不只是在生意层面上运筹帷幄，更需要给企业持久地注入精神。也就是说，企业家要有能力建立企业的核心价值观，并以此为基础形成独特的、具有生命力的企业文化。

在一般意义上的商人看来，做鞋还是做裤子并不重要，只要能赚钱就行，把鞋做好是为了赚更多的钱。利润是目标，其他都是手段。而企业家则以做成某一件事情为目标，利润不过是结果。正如现代管理学之父彼得·德鲁克所说："创造价值是真实的，利润不过是结果。""做最好的船，顺便赚点钱"就是企业家的思维方式。

商人的性格要求灵活性强、善变，为了达到目标不断调整产品策略、销售策略。企业家的性格更耿直、坦诚，善于坚持，为实现企业目标百折不挠、坚持不懈，不轻言放弃。

最后，在成功路径上，商人的成功靠的是本人和亲友，而企业家的成功靠的是一套人才机制。所以，企业家思考的是怎样用公平的机制对待人才、培养人才，是人才成长和脱颖而出的摇篮。企业家是整合资源的高手。首先，作为一名"专业主义者"，其自身就是资源；其次，他还能整合社会资源、人才资源，把事做成。

综上所述，企业家和商人的区别多在价值观层面。那些坚信某种价值观的人，往往能够走得更远，因为他们相信未来，所以才能创造未来。

"时代新人"应该这样修身立德

1. 养大德者方可成大业

道德之于个人、之于社会，都具有基础性意义，做人做事第一位的是崇德修身。这就是我们的用人标准为什么是德才兼备、以德为先，

项目六 亮点子

因为德是首要、是方向，一个人只有明大德、守公德、严私德，其才方能用得其所。修德，既要立意高远，又要立足平实。要立志报效祖国、服务人民，这是大德，养大德者方可成大业。同时，还得从做好小事、管好小节开始起步，"见善则迁，有过则改"，踏踏实实修好公德、私德，学会劳动、学会勤俭、学会感恩、学会助人、学会谦让、学会宽容、学会自省、学会自律。

——2014年5月4日，习近平总书记在北京大学师生座谈会上的讲话

2. 明大德、守公德、严私德

新时代中国青年要自觉树立和践行社会主义核心价值观，善于从中华民族传统美德中汲取道德滋养，从英雄人物和时代楷模的身上感受道德风范，从自身内省中提升道德修为，明大德、守公德、严私德，自觉抵制拜金主义、享乐主义、极端个人主义、历史虚无主义等错误思想，追求更有高度、更有境界、更有品位的人生，让清风正气、蓬勃朝气遍布全社会！

——2019年4月30日，习近平总书记在纪念五四运动100周年大会上的讲话

3. 立大志、明大德、成大才、担大任

广大青年要肩负历史使命，坚定前进信心，立大志、明大德、成大才、担大任，努力成为堪当民族复兴重任的时代新人，让青春在为祖国、为民族、为人民、为人类的不懈奋斗中绽放绚丽之花。

——2021年4月19日，习近平总书记在清华大学考察时的讲话

4. 做社会主义核心价值观的坚定信仰者、积极传播者、模范践行者

广大青年要做社会主义核心价值观的坚定信仰者、积极传播者、模范践行者，向英雄学习、向前辈学习、向榜样学习，争做堪当民族复兴重任的时代新人，在实现中华民族伟大复兴的时代洪流中踔厉奋发、勇毅前进。

——2022年4月25日，习近平总书记在中国人民大学考察时的讲话

三、新时代的创业者要有更高的行业使命

今日资讯

世界上充满了新产品的伟大创意，也充满了伟大的产品。但世界上缺乏企业家。创办企业的首要目的不是要制造出卓越的产品，而是要使自己成为卓越的企业家。

出色的产品很多，但伟大的企业家很少。

不要绞尽脑汁去生产最好的产品，而是要集中精力去创办一家企业，以便你能学会成为一位卓越的企业家。

（[美] 罗伯特·清崎，莎伦·莱希特. 富爸爸投资指南 [M]. 萧明，译. 成都：四川人民出版社，2020）

每一个时代的企业家都有自己的时代注脚，有自己的时代使命。我们生活在一个最好的时代，这也是一个伟大的时代。我们赶上了互联网浪潮、工业 4.0 浪潮，一大波企业家在中国与世界经济全面交融的时期开始创业，有外国模式可以借鉴，有风险投资提供助力，有科技革命给中国带来的巨大红利，这无疑是幸运的。但不论何时，优秀企业家的精神永远是相通的。新时代的创业者一样要有极强的学习力，有契约精神，在阳光下创世纪，敢于承担风险，为自己的事业设定一个更高的行业使命，有担当和责任意识，能够主动承担更大的社会责任。

企业家的宏伟愿景从哪来？从行业中来。三百六十行，行行出状元。比喻不论干哪一行，从实现个人梦想，到实现行业使命，靠的是立大志、有雄心、主动适应变革。"跳起摸高"，新时代的创业者就一定能作出优异的成绩。走在正确价值观的创业路上，创业才有意义。

矫形鞋是智商税？芯迈为足脊健康正言

因为没有被大众看见，对日常生活的影响并不大，在很长一段时间里，足脊健康定制产品都被误解为"智商税"。这对儿童和足脊健康定制行业来说，并不公平。其实这些被漠视的"毛病"有可能就是潜伏在健康周围的杀手。对于这样的现状，专注儿童足脊健康检测定制的芯迈十分痛心。

学习计划

当时间的沙盘向前倒流半个世纪,足病学生物力学之父 Merton 博士就已经提出了矫形鞋垫的概念,经过多年的研究和实践,西方市场已经发展出一套完整的足部健康定制解决方案,临床应用也非常普遍。而国内足脊健康定制市场,则是一片巨大的空白。

尽管从 2015 年开始,芯迈便已经开始涉足足脊健康定制领域,但这家行事作风低调内敛的公司认为,没有攻克测量精准度的难关,就没有大声喊出自己名字的底气。只有通过磨炼专业技术、将高昂的价格围攻下来,芯迈才敢问心无愧地挺直腰杆。

一方面是价格高昂的欧美儿童足脊健康定制品牌,另一方面是鱼龙混杂的国内儿童矫形市场,为了打赢这场艰难的攻坚战,芯迈紧紧围绕"专业""高性价比",展开了一场又一场的硬战,也为其后来运用的多个"国内首创"铺陈了可能。

近 10 年的隐忍和沉淀,为芯迈换回了超过 100 项专利的成果。其中三维足底数据采集、足弓识别、足底压力采集识别等核心技术,已经帮助芯迈铸就了技术壁垒的高墙,如今国内任何一家品牌想入驻足脊健康定制领域,都绕不过芯迈打下的这座技术城池。

如今,芯迈已经面向全球 20 多个国家输出技术方案,包括检测设备以及定制鞋垫等。凭借过硬的测量技术,芯迈研发的检测设备已经被一些国内外的专科医院采纳。

好的产品不仅仅在于产品本身,更在于其提供的价值和良好的服务。

真正意义的矫正鞋,是由专业领域的医生或康复师,根据患者的病情程度,定制好矫形鞋或鞋垫。芯迈旗下拥有的 F2 足底压力板,可从静态分析、动态分析、平衡分析三个角度更全面分析问题原因;F5-LAB 动态步态压力检测跑台,可通过双动态视频采集用户步态周期数据。康复师会通过手法检查及步态观察,并综合测量数据,全方位了解患者足部情况,在现场对症下药地打印出一双鞋垫。穿戴矫形产品后,患者还需要定期复查,每次复查都需要做步态分析,来客观定量化判断矫正的效果,这样才是科学的矫正方式。鞋垫上覆盖的传感织物,会在患者穿戴这双定制鞋垫时,收集运动时产生的数据,方便芯迈的康复师为患者制定后续的运动等长期方案。

为儿童提供精准的足脊检测方案,提供可以媲美医用级的检测体验,仅仅是芯迈服务的开始。两者双管齐下,将用户留住,这才是企业永续的根本。

在芯迈的中心店还设有康复室,这里有科班出身的康复师根据儿童每阶段的问题制定相应的运动方案,并点对点、面对面地进行专业引导,帮助儿童尽快走出足脊健康的疼痛。

这种需要与用户长期接触的方法其实很"笨",但芯迈却偏偏选择了这条长期主义的路。它清楚,只有坚守住产品长期主义的信念,才能感动这个不被大多数人理解的行业,最终打破矫形鞋是"智商税"的误解。

当下,芯迈正用实力清洗大众的误区。

（微信公众号：商界,2022-06-08）

时代车件

北京冬奥会实现"用雪自由"并不简单！致敬我们的科研人员！

办一场冬奥会最需要的、也是最多的是什么？是雪。竞技类赛道上所需的是密度比天然雪高3~5倍的人造"冰状雪"。

你知道吗,2016年以前,中国造不出一条合格的冰状雪赛道。最后,实现2022年中国冬奥会用雪自由的是一位其貌不扬的中国老头,他的名字应该被永远铭记,他就是：秦大河。

1989年,来自中美苏法英日6个国家的6名队员,组成了国际横穿南极考察队,从南极半岛的顶端出发,开始举世瞩目的南极"长征"。横跨南极,于个人而言,这是一条悲壮的征途,因为此前有无数探险家,为此献出了生命；于国家而言,这更是一项神圣的任务,因为没有一个中国人,成功横穿过南极！

在横跨南极的日子里,对生命的挑战从未缺席。而艰难的一天行进结束后,队员们都去休息了,跑了几十公里的秦大河,还要身着洁净服挖雪坑、采集雪样,观察雪层剖面变化等,每隔5个纬度,还要再挖2米深的雪坑、每2厘米采一个雪样,并将雪样装入携带的净化样品瓶中。每获得一个雪样,一个新数据,一张新照片,都要付出极大的代价。3个月下来,光铁锹就挖坏了3把。

最后一段路途,队员们为全力加速,要求轻装前进。秦大河为了保住珍贵的雪样,宁愿丢掉自己的衣服,宁肯少吃几口食物,也要将它们带在身边。风雪肆虐,他可能会冻死,也可能会饿死,却从未想过要将雪样丢下。同行的法国队员连连摇头,说他是"疯狂的科学家"。

如此"疯狂"的代价,换来了震撼世界的成果。整整220天的艰难跋涉,秦大河不光成为中国横跨南极第一人,他更以生死置之度外的勇毅,带出了800多个珍贵的雪样,迄今为止,他仍是世界上唯一一个,全部拥有南极地表一米以下冰雪标本的科学家！

 心得记录

⇨ 心得记录

横跨南极之后，秦大河筹建了中国第一个冰芯实验室。通过他的雪样分析成果，中国对南极的认知开始从跟跑奔向领跑。2013年，秦大河获得了沃尔沃环境奖。该奖成立几十年了，这是中国人第一次站上领奖台！

2015年，北京申冬奥成功，组建冬奥用雪保障关键技术组和造出冰状雪的科研攻坚都落在了70岁的秦大河肩上。距离冬奥会只有短短的5年，每一天都要争分夺秒。由于中国人造雪起步太晚，国外又实行技术封锁，秦大河和团队在黑暗中摸索，试验区零下二十几度的寒冷中，一干就是4年。中国终于突破了这项艰难的人造雪技术！

秦大河，中国横跨南极第一人，中国获得沃尔沃环境奖第一人，中国造出冰状雪第一人……他为这个国家默默做了那么多，本该是光芒满身的巨星，但他却事了拂尘去，深藏功与名，他说："我只是一个科研人，一个普普通通的秦大河。"

（兰州大学校友会，《北京冬奥隐藏最深的"秘密"：我们都要感谢这位兰大人》，中国教育在线，https://www.eol.cn/gansu/gsgd/202202/t20220216_2208716.shtml）

创业，不论是从财富的角度，还是从企业责任的角度，其本质都是创造价值。而创造价值的过程就是发现国家、社会、市场的痛点，然后提出自己的方案并付诸实施解决痛点的过程。而创业成功的标志就是你的解决方案实施的成本能够比用户忍受这个痛点付出的成本要低。说到底，这是一笔经济账。用户忍受痛点是需要付出成本的，而解决痛点也是需要付出成本的，两者哪个更实惠？用户是最佳的精算师，他们会用自己的钱包来投票。

在GROW模型中，G代表目标设定。请从你的专业出发，以"创造价值"为目标，说说你可以为这个国家、社会、市场做些什么。集思广益，你一定能以企业家的视角，找到至少5条更高的行业使命。

1. _____
2. _____
3. _____
4. _____
5. _____

延伸阅读

2019年2月16日,第八期"龙江企业家对话交流活动"在哈尔滨举办。正和岛创始人刘东华在大会上做了题为《新时代如何提振企业家精神》的主旨演讲。

刘东华认为,新时代企业家精神应该具备三点:敢立志,做社会财富的受托人;善创新,热爱是最大的创新源泉;能担当,以纯粹之心创造价值,勇于并善于为社会承担责任。

以下为内容节选。口述:刘东华,正和岛创始人兼首席架构师。编辑:潘姗姗。

新时代的企业家精神是什么样的?我认为主要有三条。

1. 敢立志

总书记几次引用王阳明先生的原话,叫"志不立,天下无可成之事"。因此我认为新时代企业家精神的第一条就是敢立志,敢立大志,敢立真志,敢立长志。

首先,新时代,需求升级,人们对美好生活的追求越来越高了。原来那些粗制滥造的东西,大家不满足了,于是就满世界去"淘"。消费者"海淘"这个行为就是对中国企业的一种不满。

所以我们要立大志,首先要做的就是给客户提供最好的产品、服务,让我们的消费者不要到全世界去找了,最好的东西中国企业就能满足你,中国企业家就能满足你。

立大志不见得一定要做全球五百强,我觉得全球五百强不应该是我们立大志的主要目标,我们主要是立长志,全球五百强不如生存五百年。举个例子,我们常说"小日本",但是大家知道吗,这个"小日本"今天的百年企业有将近三万家,两百年的企业有几千家,还有若干家千年企业。我泱泱大国五千年,没有断流,全球唯一,我们新时代的企业家敢不敢立五百年的志?

立大志的根基,实际上是搞清为什么的问题。中国的企业家群体都应该重新思考自己到底为什么做企业。过去我们很多人做企业,更多是满足自己发财致富、成功成名的一个工具。试想一下,企业是你的工具,团队也是你的工具,你凭什么让一批了不起的团队愿意跟着你干,到你的平台上来给你当工具呢?所以立大志,首先要有一个了不起的"为什么"。

我们正和岛黑龙江岛邻机构主席,中央红集团的栾芳董事长,我给她一个标签叫作"白发少女"。白发是岁月,少女是那颗初心,带着这颗初心,长出了不起的价值。她提供的黑土地上的有机生态产品,我听说光在黑龙江就供不应求。

检查归纳

项目六 亮点子 135

复盘评价

 延伸阅读

待会儿要上场的隋总（黑龙江北大仓集团总经理、正和岛黑龙江省岛邻机构执行主席隋熙凤），成为我们岛邻也若干年了。北大荒大家知道的多，你要说北大仓，知道的还不够多。其实她的产品非常棒，和茅台一样，北大仓也是酱香酒，而且她的企业已经有 105 年历史。

还有刚成为我们黑龙江岛邻机构秘书长的李希华（李氏汤圆创始人），这个小女子用的是一颗"无我利他"之心做产品、做企业，能量之大超出想象。

其实如果是为了小我，做来做去会把企业做没了。所以，以她们几个为代表的黑龙江优秀企业家，都找到了自己了不起的"为什么"，都在商业实践中有一个重要发现，原来"利他"就是最大的"利己"。

所以，立大志的核心，首先是想明白我们做这个企业是为什么？为社会解决什么问题？有多么强大的为什么，就有多么了不起的怎么办的动力。我曾经说企业家的领导力，其实简单讲就两句话：善于在为什么中找到怎么办的强大动力，并带领团队对最好的结果负责。

说得具体一点，立大志，就是要我们做社会财富的受托人，通过爱并成就我们的团队、消费者、利益相关者，让团队、让消费者、让合作伙伴、让股东越来越能够信任我们，乃至于依靠我们，而且愿意把重要需求托付给我们。

为什么要立志做社会财富的受托人？举个例子，大家都知道母爱是天下最伟大的爱，最有能量的爱，一个孩子能让一个妈妈产生感天动地的洪荒之力。同样的道理，如果我们能够真正爱我们的团队，并通过我们的团队爱我们的消费者，通过我们的产品与服务把那个小爱延伸为大爱，这个能量和动力有多大？

中国有句老话，"德不配位，必有灾殃"。三年可以成就一个富翁，三代成就不了一个贵族。大家今天回头看，改革开放以来，早期的那些暴发户今天还能找到几个人？为什么突然起来，突然又没了？因为他们的财富增长，远远超过了他们能力和境界的提升，他拥有的财富就一定会把他葬送掉，甚至把家族子孙一起葬送掉。

所以说新时代的企业家精神，第一条应该是敢立志。

2. 善创新

立大志是解决为什么的问题，善创新就是解决怎么办的问题。

我们中国为什么百年企业少？虽然与根基、环境、体制、土壤有很大的关系，但是如果反求诸己，作为企业和企业家，我们自己最该做好而没有做好的是什么？

今天最需要的是工匠精神、专业主义和创新驱动，因为我喜欢、我热爱、我愿意，所以就能定下心来，谁也挡不住，而不是为了发点小财，满足一点私欲。

延伸阅读

热爱是最大的创新源泉。企业家热爱消费者,就会爱之以其道,通过最好的业务逻辑、商业模式和产品形态,为消费者提供最大的价值,让消费者的生活越来越美好。

现在创新的空间太大了。我们的经济总量在若干年前就是全球第二了,但是人均 GDP 呢?大家想一想在全球排多少?我们跟日本、美国、以色列、欧洲比,有多大的距离,这都是我们成长的空间。

3．能担当

改革开放早期,小平同志说让一部分人先富起来,那个时候大家都没想到中国人能富得那么快,而且先富带后富做得那么好。后来我提出一句话,让一部分人先高贵起来,先富起来的这帮人要有一批先高贵起来。

什么叫高贵?高贵不是买一辆豪车,住一个大房子炫耀,高贵是以纯粹之心创造价值,并勇于和善于为社会承担责任。

随着移动互联网的发展,原来很多侥幸心理和很多做法越来越行不通了,现在只能走正路、做好事,然后用这种方式创造越来越好的产品和服务,满足消费者的需求,如此你不就是时代英雄吗?所以,新时代的企业家要找到内有尊严外有尊敬的成功路径。

昨晚正和岛的活动现场一位岛邻说,"我自己最喜欢、最放心的产品才敢拿给我的消费者。"这就是在消费者看不见的地方,用一颗利他之心创造价值。

李氏汤圆的李希华,原来已经移民加拿大,现在又回来了。现在很多人不是都往外走吗?她却回来了,全心全意爱并成就自己的消费者,我觉得她就是消费者的受托人。

老朋友都知道,我从当年创建《经济日报》民营经济专版,到后来做《中国企业家》杂志的总编辑、社长,再到后来创建中国企业家俱乐部、亚布力企业家论坛我也是最早的发起人之一,一直在干为企业家服务这件事,通过爱并成就企业家,让商业世界更美好,让整个世界更美好。

过去、现在以及未来,我们一直致力于发掘中国值得信赖的企业家。何谓值得信赖?判断的标尺只有一个:坚持价值观驱动,坚持价值创造。

这些有正念、有本事、有趣的企业家,在正和岛上有一个共同的名字——岛邻。

自此而后,和对的人在一起!

(刘东华,《新时代如何提振企业家精神》,第八期龙江企业家对话交流活动, 2019)

 今日资讯

步骤三、创业早期做什么？怎样做？

 学习计划

——理解什么是好的创业机会。
——能够找到多个真实的市场需求。
——通过可行性评估筛选创业项目。

一、什么是好的创业机会

学者马克·卡森（Mark Casson）认为，创业机会是指在新的生产方式、新的产出或新的生产方式与产出之间的关系形成过程中，引进新的产品、服务、原材料和组织方式，得到比生产成本更高价值的情形。

奥地利学派经济学代表人物伊斯雷尔·柯兹纳（Israel M. Kirzner）认为，机会的最初状态是"未精确定义的市场需求或未得到利用/未得到充分利用的资源和能力"。随着市场需求被精确定义，创业机会形成了一个商业概念，其核心观点是如何满足市场需求或如何利用资源。

一个好的创业机会应该包含下列要素，见表8-1。

表8-1 一个好的创业机会包含的要素

要素	含义
1. 要实现的目标	创业者或创业团队的愿望
2. 某个市场的真实需求	具有购买能力或购买欲望的消费者未被满足的需求
3. 有效的资源和能力	消费者认为购买该创业者或创业团队的产品或者服务比购买其他人的类似产品或者服务要获得更高的价值
4. 一定的市场竞争力	产品或服务有竞争对手，但是更优越于对手
5. 能够收回创业成本获得收益	在承担风险和努力创业之后能带来创业的收益和回报

创业者既要有愿景目标，也要看到客户需求，同时也要知道满足客户需求的手段，把它们匹配起来，就是创业的机会。创业机会往往具有以下特征：

（1）普遍性：普遍存在于各种经营活动中。

创业机会往往为全社会所共有，无论我们是否意识到它，创业机会都会客观地存在于一定的市场环境中。稍微一迟疑，机会就可能会被别的创业者抢走。

（2）隐蔽性：无形地隐藏在各种事物中。

对于一个新企业来说，创业机会不是每时每刻都显露出来的。新企业要努力寻找，从市场环境变化的必然规律中寻找和预测创业机会。

29岁的戴维·哈特斯坦在几次海外旅行后发现，欧洲人在鲜花上的费用约等于购买面包的费用；相比之下，尽管他的美国同胞要比欧洲人富有得多，但在鲜花购

138 双创人才成长导学

买上只能排到世界第 13 位。经过仔细调查，他发现了其中的奥秘：欧洲的花市要比美国的店面大，布置得很亲切，价格便宜大约 35%。这些优势集中到一起，只会促使一种新事物的诞生：鲜花超市。经过戴维精心策划，他在美国成立了第一家具有欧洲风格的鲜花超市 KaBloom。每家 KaBloom 的花店开张费用大约为 25 万美金，但较同级别的传统花店而言，其盈利是后者的 5 倍。

（3）偶然性：发现和捕捉具有很大的不确定性。

创业机会的发现有一定的偶然性，有时候会有很大的"意外"因素。然而在偶然的背后，又具有必然性。关键是要对创业机会保持高度警觉性，从市场环境变化的必然规律中预测和寻找市场机会。

比如被誉为"指甲钳大王"的梁伯强（中山圣雅伦有限公司董事长），决定生产指甲钳是因为朱镕基总理的一句话。1998 年年底，梁伯强在看报纸时发现了一条新闻，当时朱镕基总理在参加一次会议时讲道："要盯住市场缺口找出路，比如指甲钳子，我没有一个好用的指甲钳子，我们生产的指甲钳子，剪了两天就剪不动了。"梁伯强从这一句话发现了指甲钳的创业机会，开始了一系列调查、研究、学艺、改进，终于获得了成功。

（4）易逝性：不会永久存在，需要及时把握。

机不可失，时不再来。创业机会存在于一定时空范围，随着客观条件变化而变化，需要及时把握。1991 年，一位年轻的工程师开发出了万维网，微软没有引起足够的重视，比尔·盖茨甚至认为"想象所有公司广告都附上自己的网址，这一定是疯了"！1994 年，网景（Netscape）成立，推出网络浏览器。1995 年比尔·盖茨立即醒悟过来，不惜冒着与网景公司打官司和遭到美国司法部"垄断诉讼"的风险，在 Windows95 视窗系统中免费捆绑了自己的网络浏览器（IE）。此后，微软丝毫不敢松懈，不断为 IE 升级，以确保自己在 WWW 上的领导地位。如果不是比尔·盖茨的敏锐和及时醒悟，差点就失去了大好机会，微软就没有今天的成功。

（5）时代性：打上时代烙印，赋予社会、民族特色。

比如近几年，消费者明显感受到"新国货"化妆品的崛起为本土企业圈带来的蓬勃朝气。2019 年，中华人民共和国成立 70 周年，持续近一年的国家形象展示前所未有地壮大了年轻消费者的民族自豪感和自信心。在这一时代背景下，"新国货"锐意创新，在营销环节加强与年轻人沟通，并利用社交媒介工具集中造势。

2019 年，故宫和敦煌元素成为本土品牌最爱的 IP（特指具有长期生命力和商业价值的跨媒介内容运营）。例如，主打古风元素的故宫文创系列彩妆、花西子等新晋品牌；主打国风营销的百雀羚、自然堂、六神等品牌。无论是传统国货美妆的新转型，还是新国货美妆的强势崛起，或是和本土符号的联名跨界，中国风、中国潮，已成为新时代消费者的普遍选择。

二、怎样才能发现好的创业项目

开篇我们提到，"创造价值"是创业成功的立命之本。创业者要结合个人优势，寻找客户需求，为国家、社会、市场创造价值。

接下来，我们将从蓝海战略的视角，和创业者一起寻找能够创造价值的项目机会，并学习如何分析这些机会，最终选定一个项目方向，为项目实施做准备。

在 GROW 模型的目标选定环节，通常有三种产生创新想法的方法，分别是 5 Why 分析法、头脑风暴讨论法和市场调研法。

1. 5 Why 分析法

爱因斯坦说："我若有一小时来解决一个问题，我将花 55 分钟来思考这个问题，5 分钟思考问题的解决方案。"

5Why 分析法，是对一个问题连续以 5 个"为什么"来发问回答，以追究其根本的方法。这种方法最初是由丰田自动织机的创立者丰田佐吉提出的；后来，其子丰田喜一郎创建的丰田汽车公司在发展完善其制造方法学的过程之中也采用了这一方法。作为丰田生产系统的入门课程的组成部分，这种方法成为其中问题求解培训的一项关键内容。

丰田汽车公司前董事长大野耐一曾经发现一条生产线上的机器总是停转，严重影响整条生产线的效率，大野耐一觉得更换保险丝并没有解决根本问题，于是与工人做了一次问答：

一问："为什么机器停了？"答："因为超负荷，保险丝就烧断了。"

二问："为什么超负荷呢？"答："因为轴承的润滑不够。"

三问："为什么润滑不够？"答："因为润滑泵吸不上油。"

四问："为什么吸不上油？"答："因为油泵轴磨损、松动。"

五问："为什么磨损了呢？"答："因为没有安装过滤器，混进了铁屑等杂质。"

经过连续 5 次追问"为什么"，终于找到问题的真正原因和解决办法。

目前，该方法在丰田之外已经得到了广泛运用，包括在持续改善和精益生产运行及六西格玛之中也经常被应用。

这个方法虽然被叫作 5Why 分析法，但使用时可不限定发问的次数，有时可能只要 3 次，有时也许要 10 次。该方法的本质是：打破砂锅问到底，追溯到根本问题为止。

现在，请以学习小组为单位，针对自己在生活、学习、工作中发现的问题，用 5Why 分析法进行提问和分析，看看能否从这些问题当中发现适合你的创业机会。

1. _____
2. _____
3. _____

2. 头脑风暴讨论法

 检查归纳

头脑风暴法由美国 BBDO 广告公司的亚历克斯·奥斯本（Alex Faickney Osborn）首创，该方法主张工作小组人员在正常融洽和不受任何限制的气氛中以会议形式进行讨论、座谈，打破常规，积极思考，畅所欲言，充分发表看法。

例如，某蛋糕厂为了提高核桃裂开的完整率，对"如何使核桃裂开而不破碎"进行了一次小型的头脑风暴会议。会上大家提出了近100个奇思妙想，但似乎都没有实用价值。这时，有人提出："培育一个新品种，这种新品种在成熟时，自动裂开。"虽然大家认为这是天方夜谭，但有人沿着这个设想继续思考，想出了一个核桃被完好无损取出而且简单有效的好方法：在外壳上钻一个小孔，灌入压缩空气，靠核桃内部压力使核桃裂开。头脑风暴是一种集思广益、非常有效的创新方法。

（1）开放型头脑风暴法训练。

第一步，"问题"就是商机，将它们记录下来。

创业者可以从微观视角出发，收集日常的感受与观察，找到多个客户面临的困扰或亟须解决的问题，可以是自己在生活中遇到（发现）的问题，自己在工作中遇到（发现）的问题，或者其他人遇到（发现）的问题，或者其他人的问题被你发现了。

案例学习

饿了么的诞生

2008年的一天，在上海交大机械与动力工程学院宿舍间，张旭豪等几个室友打电脑游戏，玩到午夜12点，他们肚子饿了，打电话叫外卖送消夜，谁知电话要么打不通，要么没人接。

大家又抱怨又无奈，饿着肚子聊起来。

"这外卖为什么不能晚上送呢？"

"晚上生意少，赚不到钱，何苦？"

"倒不如我们自己去取。"

"干脆我们包个外卖吧。"

创业就这样从不起眼的送外卖服务开始了。

2009年4月，"饿了么"网上订餐应运而生。

2015年8月28日，饿了么宣布完成6.3亿美元F轮融资。本轮融资由中信产业基金、华联股份领投，华人文化产业基金、歌斐资产等新投资方以及腾讯、京东、红杉资本等原投资方跟投。

2017年，饿了么在线外卖平台覆盖全国2 000个城市，加盟餐厅200万家，用户量达2.6亿。

2018年10月12日，阿里巴巴集团宣布正式成立本地生活服务公司，饿了么和口碑合并组成国内领先的本地生活服务平台。如今，"饿了么"已经成为中国最大的餐饮O2O平台之一。

创业者可以从宏观视角出发，关注和学习时政，并从中发现机会。国家宏观政策、产业/行业的实时发展动态、风投融资的新闻、创业成功的经验等，都可以成为我们发现商机的灵感来源。我国的改革开放就是最好的例证。1982年，刘家四兄弟借着改革开放的春风，毅然砸碎铁饭碗，从自己最熟悉的农村入手，从事生态养殖和饲料加工，创办了当时中国最大的民营企业——希望集团。而随着2021年国家"双减政策"的出台，伴随课外辅导培训机构创业项目的逐渐退出，素质教育的创业项目正兴盛起来。

1. 宏观与微观的联系有：

（1）微观与宏观都是对物质世界的描述；

（2）微观与宏观有相互辩证的关系；

（3）宏观里面包含微观。

2. 微观与宏观的区别：研究的角度不同。

微观研究个体经济活动参与者的行为及其后果，主要是从最小个体开始研究；宏观研究社会总体的经济行为及其后果，主要是从整体性进行研究。

开放型头脑风暴法训练的第一步是开一次"吐槽大会"。每个学习小组应该能够找到至少5条客户面临的困扰或亟须解决的问题，"槽点"的记录模板可参考如下：

我们发现，_____（某个机构/团体/个人）_____（正面临一些困扰/有亟须解决的问题）。

1. _____
2. _____
3. _____
4. _____
5. _____

接下来，我们可以进行小组槽点比赛，看看哪些小组可以胜出。

1. 有人愿意付费的槽点画〇，计10分。
2. 槽点相似的，计5分。

3. 独有槽点，计15分。

当然，你也可以把二维码"做一名生活的观察者，并行动起来"中的表格作为日常观察的备忘录，从现在开始，做一个有心人，用观察的眼睛发现事实，把日常生活当作你接近商业、了解商业、思考商业的工作舞台。

做一名生活的观察者，并行动起来

第二步，我们将从任意一个"槽点"开始，利用头脑风暴法，逐一为这些困扰或问题制作思维导图，看看从解决问题的角度可以作出哪些创新思考。

案例学习

滑雪快递

安妮和瓦莱丽喜欢滑雪。她们一直在寻找利用滑雪谋生的方式。在一大张纸的中间，她们写下"滑雪"。然后她们发挥想象力，在一个又一个的气泡里写下"旅行""初学者""青少年""衣服""手套""西部""阿尔卑斯山脉""比赛""课程""激动""滑冰板""公共汽车"等词（见图8-2）。

安妮和瓦莱丽不断地探索，直至想出了一个业务点子"滑雪快递"，就是在盐湖城附近的五个点提供周末往返班车前往滑雪胜地。在开始提供往返旅程服务之后的两三周，她们又返回思维图，"衣服"这个词一下子给了她们新的提示。安妮和瓦莱丽前往一家滑雪服生产商洽谈合作，并在接下来的4周里以百分之百的利润卖给了其滑雪快递的顾客。

开业仅两个月，就有几名妇女询问安妮和瓦莱丽是否能够提供工作日旅程服务，这样她们就能趁孩子在校的时间去拥抱大山。一个新的市场出现了！安妮和瓦莱丽积极倾听顾客需求并实施可行性调研，又迅速推出了"星期四滑雪"项目。

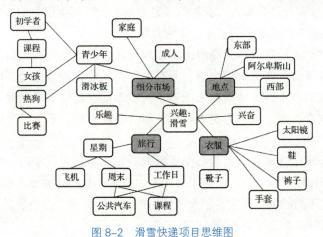

图8-2 滑雪快递项目思维图

（01创业创意咨询，《用头脑风暴法产生企业想法的三个案例》，知乎，https://zhuanlan.zhihu.com/p/456894215）

开放型头脑风暴法训练的第二步是制作你的专属思维导图。

思维导图绘制的过程就是记录你大脑思考的过程。注意，突出思维导图的主题图和中心词，关键词简洁明了。你也可以将思维导图的色彩设计得丰富一些。图8-3仅为参考模板，你可根据需要做更多的发散思考。

图8-3 我的创新点子思维导图

接下来，请各学习小组就你们的思维导图进行成果汇报，如：正是因为_____（现状/槽点），所以我要_____（目标与期待）。

（2）结构型头脑风暴法训练。

通过上面的练习，各学习小组一定有了很多的创新点子和发散思考的成果。现在，我们可以从中选择2~3个设想，以客户"需求结构"为出发点，进一步思考，选定最有市场价值的解决方案，看看又能产生哪些更清晰的项目设想。

美国心理学家亚伯拉罕·马斯洛（Abraham H. Maslow）1943年指出，人们需要动力实现某些需求，有些需求优先于其他需求。马斯洛把需求层次分成五级，从层次结构的底部向上，需求分别为：生命（食物和衣服），安全（工作和保障），社交（友谊），尊重和自我实现。五种需求是最基本的，与生俱来的，构成不同的等级或水平，并成为激励和指引个体行为的力量。

在从动物到人的进化中，高级需求出现得比较晚，婴儿有生命需求和安全需求，但自我实现需求在成人后出现；所有生物都需要食物和水分，但是只有人类才有自我实现的需求。个体对需求的追求有所不同。低级需求只要部分满足，人的高级需求就会产生。如，为实现理想，不惜牺牲生命，不考虑生命需求和安全需求。

马斯洛需求层次理论被行为科学所吸取，并成为行为科学的一个重要理论问题。从经营的角度来看，每一个需求层次上的消费者对产品的要求都不一样，即不同的产品满足不同的需求层次。创业者应当将需求满足建立在消费者需求的基础之上考虑，不同的需求会产生不同的实现方法。

在对需求结构进行重组创新时，请记住一个原则：

伟大的产品 = 卓越的性能（实体产品）× 强大的情感诉求（虚拟产品）

20世纪原创媒介理论家马歇尔·麦克卢汉（Marshall McLuhan）说"媒介即信息"。也就是说，每一项产品或服务都是作为一种媒介存在的，背后都包含了信息，至于它能不能形成传播，在多大程度上形成传播，取决于产品所蕴含的信息的张力。好用、价格实惠、方便省事、减少麻烦等性能当然重要，但光有这些成就不了一个伟大的产品，就像一个普通的 MP3 和 Ipod，在播放音乐上并没有两样，但后者通过新颖的设计、绝妙的用户界面和创新的内容组织方式让用户爱不释手，这个爱不释手就是产品所蕴含的信息在传递上形成的与消费者的情感共鸣。

罗辑思维创始人罗振宇也说"一切产业皆媒体"。产品本身是可以表达和传递价值的。企业如果能研究消费者的个性心态、生活方式，生产出满足相关消费需求的产品和内容，提供独特的消费体验，就能实现与消费者的情感共鸣，产品就能实现在消费者间的价值传播，获得市场的认可。

例如，剃须刀产业饱和度极高，品牌瓜分很彻底，男用电动剃须刀基本被博朗、飞利浦、松下三分天下。2008年，奔腾剃须刀在走访了北京市场经销商后发现，购买男用剃须刀的客户60%是女性。原来剃须刀不仅是用品，更是礼品。

于是，奔腾剃须刀设计了一系列给女性看的广告，不再表达其产品的功能价值，而是从信息、意义、情感上，与女性消费者产生共鸣。结果，奔腾卖得最好的一款剃须刀是大红色的。

又如，一个高科技、大冲力、超静音的马桶要价3万元，是如何征服消费者的？企业是这样告诉消费者的：和老人住一起的人都知道，老人经常要起夜，上厕所冲一下，另外一个就醒了，睡不着了，睁眼到天亮。这个马桶卖给有老人的家庭，卖的是父母后半辈子睡得着。3万元值不值？

这些产品正是因为在某一点上做到了创新、极致，并在情感上得到了消费者的认同，所以在市场上获得了极大的成功。

所谓产品的创新，不仅仅是技术上的革命，更是行业的跨界和思维的混搭。比如黄太吉煎饼是卖煎饼果子里最会玩互联网营销的，也是互联网圈里最会卖煎饼果子的；野兽派花店则是将艺术的混搭运用到了鲜花作品上。混搭和跨界是科技和人文的交互，是将产品的理性功能和人文内涵浪漫地结合在一起。理性功能指向消费者的痛点，人文内涵指向消费者的情感，产品的使用过程不再是简单道具的操作，而是独特和愉悦的享受过程。

> **案例学习**
>
> **传统企业如何"弯道超车"**
>
> 天下网商总编助理叶成云的总结一针见血：2010年之后的体验经济时代，电商发展就是要解决痛点与盲点，关注卖货、组货与发货问题，而核心就在于改善用户体验，寻找弯道超车的机会。譬如客满多解决的是客户沉淀的问题，而爱图购则指向流量成本越来越高的症结。

心得记录

那怎样改善客户体验呢？老叶以两个生动的案例来说明：

1. "三只松鼠"干果

"三只松鼠"是以销售坚果类食品为主营业务的互联网企业，有出色的品牌故事和品质把控。凭借精准的定位和完善的购物体验，"三只松鼠"上线两个月就拿到了淘宝坚果类的销售冠军，二次购买率占到40%。

他们不但把干果加工得非常容易剥开，附赠的双层特色"松鼠形象"包裹里还有开壳工具、扔果壳的垃圾袋、擦手的纸巾、封口夹、微杂志等，将购物体验做到极致。还有什么比这些更贴心呢？除此之外，他们号称"用生命在卖萌的特色客服军团"还实现了一对一服务，客户每次购买"三只松鼠"产品，收到的包裹都不一样。

2. 广东某三脚架企业

普通的三脚架只能在基本结构不改变的情况下进行表层的微创新，比如变更三脚架的颜色、材质等。但是广东的一家公司标新立异，颠覆了三脚架的既成形态，让三脚架变迷你、变可爱、变酷炫——有的品类折叠可如同雨伞一样随身携带，有的品类可以变形重组成"八爪鱼"，有的品类让三脚架从"立在地上"变成了"贴在墙上""戴在头上""悬在天上"……形形色色的"立体创新"满足了年轻时尚的消费需求，跳脱出了传统平面思维的束缚，小米官网所采购的三脚架就出自该企业之手。

（B座12楼，搜狐，https://www.sohu.com/a/13980432_115748）

请思考并回答以下问题：

"三只松鼠"淘宝店和广东的三脚架生产企业是如何让自己的产品形成自传播的？

为消费者提供独特的消费体验意味着企业完成了从物质产品向情感商品的营销飞跃，客户购买的虽然是产品，但真正得到的却是产品所映射的内心思想、情感语言和个性形象。就好比花钱去海底捞折腾服务员，顺便吃个火锅；花钱去喜茶打发无聊时光，顺便喝杯果茶；购买一次人参滋补养生体验，顺便得到一瓶熬夜救命水。它的基本逻辑是——产品是顺带的，花钱买的是消费带来的感觉，消费者在这个过程中玩的是时尚、新潮和享受。

所以，当前市场最紧俏的商品不是更好的手机、衣服或电脑，而是那些能帮助消费者充实精神世界、刺激感官享受的东西，这种东西与物质无关，只跟感觉和欲望有关。

体验营销解决了如何让物质产品变成情感商品、让实体产品兼具虚拟功能、让购买冲动变成购买习惯、让产品成为价值观的一部分的问题。在体验经济时代，消费者最关心的是个人的体验和消费的过程，而客户愉悦度是这个时代最重要的价值考评。

146　双创人才成长导学

任务成果

请各学习小组从上一个练习中选择 2~3 个设想，再从"衣食住行游娱购"中任意挑选一个产业方向，结合客户的需求结构进行发散思考，看看你又将产生哪些新的想法。

在对客户的需求结构进行拆解和重组创新时，请从客户的感受出发，谈谈这种创新对客户的价值，请记住这个原则：

伟大的产品 = 卓越的性能（实体产品）× 强大的情感诉求（虚拟产品）

你可把解决问题后的理想世界，记录为本项目的标语。

最后，我们将在全班投票选出最有创意的 3 个创业点子。

3. 市场调研法

创业者寻找创业机会，还可使用市场调研法，主要是针对自然和社会环境、创业地区企业情况、互联网数据等进行调研。可以运用的市场调研方法主要有文献分析法和实地调研法两种。

案例学习

华与华 500 万品牌 5 年管理大奖赛参赛案例，莆田餐厅 7 年合作总结

莆田餐厅是一家来自新加坡的餐饮企业，也是"新加坡中餐第一品牌"，连续 5 年摘得米其林一星殊荣，深受诸多名人的喜爱。

2015 年是莆田品牌发展史上的一个关键节点，这一年莆田决定进军中国大陆。彼时的莆田餐厅，版图从新加坡到印尼、马来西亚、菲律宾等地，已在亚洲 5 个国家、19 个区域开设 90 多家分店。

莆田餐厅在刚进入中国市场的时候，面临两个突出的品牌问题：

一是，莆田商标因是行政地名，无法取得中国注册，要不要改？

二是，很多人说"莆田"两个字给人的印象是江湖游医，在国内的联想不大好，担心这个名字会不会给企业带来牵累。

解决这个问题，第一步就是进行企业寻宝。企业寻宝的过程就是帮助企业重新找回、擦亮他们多年前甚至创业初的做法，然后把这些"宝贝"进行放大，而不是一味地求新求变。这也是华与华经营使命的体现：让企业少走弯路。

我们在进行企业寻宝时，发现"莆田"这个名字从创业初就在使用。2000 年莆田餐厅创始人方志忠先生，从福建莆田移居到新加坡生活，因为思念家乡的美食决定创办莆田餐厅。在他看来家乡菜就用家乡名，不需要太复杂，这么多年已经成为重要的品牌资产之一。

所以，回答第一个问题，"莆田"既然已经在全球注册（除中国外），并且使用了那么多年，自然是要沿用的。在中国市场就把"莆田"两字和英文名

PUTIEN 一起使用,形成"莆田 PUTIEN"绑定组合名。

而第二个问题,可以说不是问题。如果莆田品牌联想不好,那就让这个名字因为我们的努力而变得美好,让我们重新赋予"莆田"美好、美食的联想!

1. 用超级符号让莆田餐厅焕发新的活力

对于连锁餐厅而言,门店就是营销的主战场。每一家莆田餐厅的门店本质上都是一套信号系统。新加坡是莆田的大本营,在海外市场仍然保留着最初创业时的样子,传统中式的门店空间风格,大部分老顾客都是家庭客,年轻的顾客并不多。在莆田向全球品牌转型的关键时期,如何帮助莆田餐厅焕发新的活力?

货架思维是华与华设计的底层逻辑,一切创意要以货架为导向,产品出现的一切场合都视为货架。对于餐饮企业来说,商圈是货架,门店是产品,我们的门头就是陈列在商圈货架上的一个包装。要把门头当成快销品的包装来设计,想尽办法在货架上释放信号争夺顾客的注意力,让消费者第一眼就看到你。

莆田水波纹就是决定性、超强势的视觉战略。醒目的水波纹和大面积的莆田蓝成为品牌最具代表的视觉符号,让门店跳出货架,在商圈陈列中获得最大的视觉冲击力,让莆田水波纹秒杀一条街!见图 8-4。

图 8-4 莆田餐厅门店设计

超级符号带来超级惊喜! 2018 年新加坡营业额同比上涨 21%,客流量同比上涨 15%。最突出的一家门店营业额上涨 36%,客流同比上涨 35%。2019 年莆田新加坡 RWS 店荣获大众点评必吃榜,成为大陆游客到新加坡必吃地标!

从新加坡市场的老华人品牌到新加坡年轻人愿意消费的第一中餐品牌,用莆田餐厅创始人方志忠的话来说:"莆田在国内市场获得的成功,反哺了海外市场。"

2. 不花钱的改善,把菜单设计置顶为战略设计

餐厅最主要的销售工具就是菜单,华与华把菜单设计置顶为战略设计,提高菜单的销售效率,是很重要的工作。

对于餐厅而言,餐厅的品牌就是靠一个个菜品建立起来的,菜品的价值能不能被感知,关键的载体就是菜单。菜单最重要的是突出招牌菜。我们去一个

陌生的餐厅，总会问："你们有什么特色？有什么招牌？"这么简单的事，但是很多餐厅都没有在菜单上突出出来。同样一张照片一个菜名一个价格，你写上"必点"两个字，消费者就点了。要知道，消费者更喜欢被引导，根据指令去购买。

3. 产品结构是底层逻辑，是点餐的决策顺序

合作初期我们发现莆田的菜单一共有59道菜，大多情况下是按照销量和利润来规划整体的上架和下架，但是卖得好的产品并不突出。在我们看来，产品是企业和顾客的联系，每个品牌都要有自己的拳头产品。一个餐厅如果产品很多，那么消费者的印象就会被分散，很难形成统一，也无法形成话题和传播。

2015年，我们为莆田提出了产品结构的重要调整举措。通过对菜品的数据分析，我们筛选出具有独特性、故事性、顾客口碑高、销量高且保持长期稳定的10道菜品，组成"莆田10醉"，打造成品牌的拳头产品推出，这不仅进一步深化了福建菜系特色，也使整个菜单主力结构更加集中。

"莆田10醉"像一道指令，它关掉了消费者大脑的电源，消灭他们的思考，在消费者心里形成快捷键，照着点就行，从而大大提高了点餐效率。

菜单结构设计清晰了，产品的呈现也有机关。我们把价值做到命名里、把购买理由写进文案里，通过好食材的可视化、卖点图标化、菜品符号化，罗列出每一道菜品的"呈堂证供"，让每一个进到餐厅的人，哪怕一开始不知道点什么、吃什么，看完也能快速决策。在门店高峰期，这样一本丰富的菜单还充当着"无声导购员"的角色，自己就能把菜卖出去。

事实证明这的确是非常有效的一招。在新加坡和中国的香港、上海、北京等地市场走访时，每当我问到门店店长卖得最好的菜是什么，所有店长告诉我的都是"莆田10醉"。

"莆田10醉"的诞生，一炮打响了莆田首个拳头产品，成为全球门店的揽客利器、营收贡献主力军。目前，全球门店平均每家店的"莆田10醉"产品营收占比高达40%。从2015年合作初期，莆田全年营收不到2亿元，到2019年全年营收接近10亿元，短短4年营收增长4倍之多。

（微信公众号：华与华，2022-06-16）

"解放思想、实事求是"是邓小平同志说的一句话。实事求是，就是从实际出发，探索事物的客观规律。解放思想，就是在探索规律时，不受原有条条框框的约束。换句话说，就是不唯上，不唯书，只唯实，在实践中，从实际出发，不受约束地去探索客观世界。

乘风破浪会有时，直挂云帆济沧海。只要我们做好创业的准备，从市场需求、技术变革、社会变化和政策改革中不断发掘，解放思想、实事求是，机会就一定会垂青我们。

三、怎样才能在激烈竞争中立于不败之地

现在,创业者手头已经有多个项目设想,接下来,我们还要进一步思考:这个项目设想是否合适,是否经得起推敲?这个项目具有发展前景和竞争力吗?这个项目将来真的能赢利吗?

比较、分析和筛选创业项目,创业者还将用到实地调研、自然因素和政策因素评估、外部人士访谈、SWOT 分析等方法。通过这些方法,创业者能够有效评估项目构思的可行性并作出决定。创业者的决定可能是:

(1)我找到了优势更大、机会更多、更适合创办、更有可能成功的项目构思,我的创业设想经得起推敲,项目具备可持续发展性;

(2)我需要改进项目,使之完善;

(3)我决定放弃这个项目,另起炉灶。

课堂互动

测一测:你做好创业的准备了吗?见表 8-2。

表 8-2 你做好创业的准备了吗

请根据你的实际情况,回答以下问题	是	否
1. 你确定知道自己为什么想创业吗?		
2. 你是否了解经营创业项目要有承诺,要长期承担责任,并且很辛苦?		
3. 你是否知道创业项目通常因为什么而失败?		
4. 你知道自己有哪些优势可以使你成为成功的创业者吗?		
5. 你知道自己有哪些需要改进的方面吗?		
6. 你是否已经有一个明确的项目构思?		
7. 你是否已经对你的项目构思进行了 SWOT 分析?		
8. 你知道你有多少资金可用于创业吗?		
9. 你是否做过测算,这笔钱足够用在你的项目创建阶段吗?		
10. 你是否知道谁将成为你的客户?		
11. 你是否知道客户从你这里购买产品或服务是为了获得什么价值?		

如果你能实事求是地对上述问题作出肯定的回答,那么你可以继续创业学习。

如果你还不能对上述 11 个问题作出肯定的回答,说明你可能还没有做好创业的准备。建议你跟指导老师再具体聊聊。

选择创业，你就选定了一种生活方式、设定了一个人生目标，用企业家精神鞭策自己，将创意转化为巨大的社会财富，注定境遇改变，走向不一样的未来。

创业决不应该奔着钱去。如果决定创立自己的事业，就不要为了仅仅几百万元或者一套房，这样风险太高而回报太低。要做就要有更高的目标，为国家、为人民、为世界、为整个人类创造真实的价值。世界上没有一贫如洗的成功者，成功的企业家一定是富有的。

任务执行评价见表 8-3。

表 8-3　任务执行评价

序号	评价维度	评价内容	所占分值/%	自我评价（30%）	小组评价（20%）	教师评价（50%）
1	任务完成情况	学习自觉性高，积极主动，一丝不苟。遵守时间，能在规定时间内完成并上交	10			
2	任务呈现形式	如实记录，表达准确，条理清晰，内容丰富，图文并茂，有一定的创新力	20			
3	行动工具的运用	正确使用行动工具，作业步骤清晰，能够举一反三、融会贯通	25			
4	任务成果的达成	思想上积极上进，有强烈的求知欲和进取心，能够立足专业、提升技能、夯实基础，综合素养得到全面提升	25			
5	学习小组合作情况	团队目标明确，沟通顺畅，有团队协作精神，有领导组织能力	20			
		小计				
		合计				

↪ 心得记录

项目七　搭台子

【项目导读】

　　我们都知道，创业不难，但是要成功创业就很难。"定战略、搭班子、带队伍"，被联想集团创始人柳传志称为创业的三道"硬菜"。创业项目落地后，如何组建创业团队，如何选择企业组织的法律形态，关系到创业企业的价值创造和基业长青，也是最重要的创业保障。

任务 9 积累你的团队资产（团建活动）

⊖ 今日资讯

● 【任务关键词】

杠杆

● 【行动工具包】

（1）杠杆理论；
（2）丈量问题的刻度尺。

● 【任务成果箱】

（1）培养团队协作、团队精神并落实到个人行动中；
（2）形成资源的杠杆思维。

● 【知识目标】

（1）了解创业团队的定义和组建原则；
（2）能够说出团队组建的具体步骤。

● 【能力目标】

（1）理解创业团队的价值和具体构成；
（2）能正确使用团队组建的具体步骤，针对自己的项目开展初步的组建工作；
（3）掌握杠杆的思维方式，并以此找到创业项目做大的途径。

● 【素质目标】

（1）通过行动工具"杠杆理论"，建立杠杆视角的经济型思维方式；
（2）通过行动工具"问题刻度尺"，建立实事求是的思考方式和客观表述的沟通方式。

"三个臭皮匠赛过诸葛亮"的来历

赤壁大战的时候,诸葛亮定了草船借箭之计,但最初的计划只是用普通的草垛覆盖在船上。诸葛亮将准备工作交给了三个裨(pí)将(古代的一种军职名)。三个裨将在准备的过程中发现,如果用普通草垛的话会被曹军看出破绽,于是自作主张使用了草人代替草垛,穿戴上盔甲,伪装成真人。最终,三个裨将的这个计策为草船借箭的成功立下了大功。

请思考并回答以下问题:
为什么三个臭皮匠赛过诸葛亮?

步骤一、团队是什么

——了解创业团队的定义和组建原则。

一、创业团队的定义

团队是由员工和管理层组成的一个共同体。团队内部能够合理利用每一个成员的知识和技能,协同工作解决问题,达成共同目标。

创业团队是在创业初期(包括企业成立前和成立早期)由两个以上个体组成,具有一定利益关系、才能互补、责任共担,愿为共同的创业目标而奋斗的特殊群体。

二、创业团队组建的基本原则

(1)团队目标明确合理原则。目标既是团队成员共同的奋斗方向,具有激励功能,也是团队成员团结协作的基础。因此,创业团队必须明确自己的发展目标,使之合理可行,并让每个团队成员都能清楚认知并理解。

(2)团队成员能力互补原则。个人的能力再强,也会有力所不及之处,寻求团队合作的主要原因就在于通过团队成员相互间在知识、技能、经验以及资源等方面的互补,实现"1+1>2"的协同效应。

(3)团队构成讲求成本效益原则。团队成员的选择除了互补,还要讲求成本效益,应在保证项目能高效运作的前提下尽量精简。成员高配会增加运营成本,浪费资源;成员低配则会降低运行效率,阻碍项目发展。外聘兼职或者外包业务,也是不少初创项目偏爱的一种兼顾成本与效益的方式。

(4)注重动态开放原则。人员风险是创业者在创业过程中不可避免的重大风险之一。由于风险大、报酬低、能力匹配度不确定、观念需要磨合等多种原因，不断有人脱离创业团队，同时也有人要求加入团队。因此，在组建创业团队时，应注意保持团队的动态性和开放性，使真正匹配的人员能被吸纳到创业团队中来。

 心得记录

> **课堂互动**
>
> **聊聊《西游记》中的取经团队**
>
> 《西游记》描写了孙悟空出世及大闹天宫后，遇见了唐僧、猪八戒、沙僧和白龙马，西行取经，一路上历经艰险、降妖伏魔，在九九八十一难后终于到达西天见到如来佛祖，最终五圣成真的故事。
>
> 有人说，《西游记》不仅是一部伟大的神话故事小说，也是一部伟大的创业史。看起来是师徒四人历经艰难险阻，最终到达西天取经成功的故事，其实背后巧妙地融入了一个创业团队从公司起步到步入正轨的完整过程。
>
> 请思考并回答以下问题：
> 1. 请你运用所学知识，分析《西游记》中的取经团队符合创业团队组建的哪些基本原则？有没有违背哪些组建原则？
> 2. 谈谈你会如何组建一支如同《西游记》中西行取经的团队。

步骤二、为什么要组团创业

——理解杠杆理论，并能将它运用于自己的创业项目。
——理解创业团队的价值和具体构成。

一、杠杆在经济学中的意义

在经济学里，杠杆有广义和狭义之分。狭义的杠杆指"财务杠杆"；广义的杠杆涵盖所有"以小博大"的经济行为，除了财务杠杆，还有经营杠杆、综合杠杆。

在中国，运用经济杠杆管理经济，是改革社会主义国民经济管理体制的一个重要内容。在社会主义经济中，经济杠杆有着广泛的作用，一类是调节作用，一类是推动（或调动）作用。我国调节经济的三大杠杆分别是政府杠杆（地方政府债务）、宏观杠杆（银行资产对GDP占比）和企业财务杠杆（企业负债）。

杠杆理论

成功不可复制,但成功原因可以复制。

成功是结果,能力内核是成功的原因;成功不可复制,但能力内核可以。

复制成功,本质就是找到一个坚实能力内核作为支点,然后用更多的资源杠杆,撬动更大的结果。

利用杠杆理论复制自己的核心能力有两个关键因素:

1. 支点:也就是坚实可复制的能力内核;
2. 杠杆:也就是充沛有效地用于复制内核的资源。如团队、产品、资金、影响力等。

需要注意区别的是,好产品是杠杆,做好产品的流程是支点;好员工是杠杆,生产好员工的制度是支点;好用户是杠杆,获得好用户的方法是支点。

(刘润,《5分钟商学院·实战》第32周,《杠杆理论做强》)

团队杠杆

麦肯锡公司是世界级领先的全球管理咨询公司,由美国芝加哥大学商学院教授詹姆斯·麦肯锡(James O'McKinsey)于1926年在美国创建。下面我们以麦肯锡为例,分析它成功的内核和杠杆分别是什么。

1. "知识库+方法论"是支点

在麦肯锡,所有曾经服务过的客户案例,都会进入一个知识库。这家企业这么做成功了,那家企业那么做失败了,都写下来。同时,麦肯锡还发明和设计了很多咨询的方法论,比如MECE法则,七步分析法等。这些是麦肯锡从最有经验的咨询顾问体内提取出来的"能力内核",就是那个支点,也就是它坚实可复制的能力内核。

2. 团队就是杠杆

有了这个支点,麦肯锡开始寻找杠杆。招聘刚从商学院毕业的年轻人,就是有效的资源杠杆。这群顶级聪明的年轻人,用科学的方法,和被验证的知识库,给企业家们提供咨询。

麦肯锡的团队有四种:

第一种是羽毛球双打模式。两位羽毛球选手之间没有非常明确的分工,共同为结果负责。把两名队员"黏合"成团队的,是合伙人式的彼此"信任"。

第二种是足球队模式。11个人有明确的战略分工，但是彼此协同。大家不能都去抢球，但遇到风险，必须有人能补位。把11个球员"黏合"成团队的，是343阵型，352阵型式的"战略"。

第三种是交响乐队模式。整个乐队只有一个乐谱，这个乐谱是演奏流程，指挥有微调流程的权力。这样，上百人的演奏，你才会只听到一个声音。把上百人"黏合"成团队的，是"乐谱＋指挥"式的"流程"。

第四种是军队模式。在军队中，每个士兵都不了解全局，但都对使命有神圣感，对制度有敬畏感。每个人都是流水线上的一个工种。别和我讨论战略，杀敌就有奖，叛逃必惩罚。把成千上万人"黏合"成团队的是"奖惩"。

（刘润，《5分钟商学院·实战》第32周，《杠杆理论做强》）

 检查归纳

二、创业团队的价值

网上有调研数据显示：70%创业成功的企业，都有多名创始人。其中，企业创始人有2~3人的占44%，有4人的占17%，有5人以上的占9%。尤其是在高科技领域，团队创业比个体创业多得更多。事实证明：选择合理的创业模式，组建卓有成效的创业团队是创业成功的重要基础。创业团队工作绩效大于所有成员独立工作绩效之和。没有团队的创业也许并不一定会失败，但要创建一个没有团队而具有高成长性的企业却极其困难。

相对个人创业而言，创业团队具有以下突出优势：
（1）团队成员共同承担工作目标及责任；
（2）团队成员能力互补、认知共享；
（3）团队成员群策群力，有助于形成更有效的决策；
（4）团队成员合理分工，能达成更优质的工作绩效；
（5）团队成员的智慧合力能更加稳健地应对外部变革；
（6）对创业机会的识别角度更全面，利用和开发创业机会的能力大大提高。

三、创业团队的构成

总的来说，一支好的创业团队，应该由项目创始人、项目合伙人、员工、项目顾问等关键人物构成。

1. 项目创始人

在大部分创业项目中，作为项目所有者和经营者的创始人，是创业团队的组建者及领导者。

作为组建者，项目创始人一定要认清自身的优势与劣势，明确哪些工作可以由自己去做，哪些工作自己没能力做，哪些工作自己有能力但没时间做。互补性是选

复盘评价

择合伙人或招聘员工的重要原则之一。

作为领导者，项目创始人要明确以下重要职责：

（1）具备开发创意能力，能够制定目标和行动计划；

（2）能够撬动必要的经营杠杆和财务杠杆，激活创业项目；

（3）能够组织和调动员工实施行动计划；

（4）确保项目的执行进度，使创业项目达到预期目标。

> **智慧高地**
>
> ### 成为注重贡献的管理者
>
> 有效的管理者，必注重贡献。他会眼光朝上，使自己的工作朝向目标。他常自问："对我服务的机构，在绩效和成果上，我能有什么贡献？"他强调的是责任。
>
> 可是大多数的管理者都是眼光朝下。他们重视勤奋，而忽略成果。他们耿耿于怀的是：所服务的组织和上司是否亏待了他们，是否该为他们做些什么。他们抱怨自己没有职权，结果是做事没有效果。
>
> 一个人不论其职位多高，如果仅仅是勤奋，如果老是强调自己的职权，那么他永远只算是别人的"下属"。
>
> 反过来说：一个重视贡献的人，一个注意对成果负责的人，尽管他位卑职小，他还是可以位列于"高层管理人员"。因为他以整体的绩效为己任。
>
> "贡献"这个名词，其含义非常广泛。每一个组织都需要三个主要方面的绩效：直接的成果，价值的实现和未来的人力发展。
>
> 缺少了任何一方面的绩效，组织注定非垮不可。因此，每一位管理者都必须在三方面均有贡献。当然，三者之间，可以有轻重先后之分，这要看管理者本人的个性和地位，以及组织本身的需要而定。
>
> （彼得·德鲁克. 卓有成效的管理者[M]. 北京：机械工业出版社，2022）

2. 项目合伙人

如果创业项目是由两个或两个以上的人共同出资组建的，那么这些人将以合伙人的身份共同经营、共担风险、共享收益。合伙人应具有民事权力能力和行为能力。

选择合伙人，一定要签订书面合伙协议，明确各自的责任、权利、义务，明确各自工作职责、利益如何分配、决策程序等。团队创业可以选择设立合伙企业、有限责任公司或股份有限公司，通过完善的制度规范经营、规避风险。

> **课堂互动**
>
> 请以你的创业项目为例，和你的创业团队一起填写表9-1，拟定你们的合作协议。填写前请查阅《中华人民共和国合伙企业法》。
>
> 表9-1 拟定你的合伙协议
>
> | 条款 | 合伙人 | | | |
> |---|---|---|---|---|
> | | | | | |
> | 出资方式 | | | | |
> | 出资数额与期限 | | | | |
> | 利润数额与亏损分摊 | | | | |
> | 经营分工、权限和责任 | | | | |
> | 合伙个人应负的责任 | | | | |
> | 协议变更和终止 | | | | |
> | 其他条款 | | | | |

→ 今日资讯

3. 员工

如果项目创始人和合伙人没有时间或能力把所有工作都做完，就要招聘员工。为了招聘到合适的员工，管理者需要综合考虑员工雇用的效益与成本两方面。

> **课堂互动**
>
> 假设你的公司正在招人，有两位保洁员岗位的应聘者，一位是有10年工作经验的保洁员，另一位是经过专业培训刚刚毕业的学生。你会挑哪一位，为什么？
>
> 你可以考虑的因素有支付能力、从业经验度、有效自我管理等。

4. 项目顾问

俗话说："术业有专攻。"一个人能力再强，也不可能是所有事务的专家，创业项目在推进过程中少不了专业人士的帮助，如相关专业专家、金融从业人员、会计、律师、政府职能部门工作人员、创业培训导师、企业咨询顾问等。创业团队可以将这些对项目有帮助、扶持的专家邀请或聘请为自己的项目顾问。

诸葛亮说过："为将者，如不通天文、不识地理、不知阴阳、不晓奇门、不观阵图、不掌兵势，庸才耳！"诸葛亮的借势就是一种杠杆思维。一个人的成功，可借人、借物，乃至借天地之势。

项目七 搭台子

学习计划

请运用杠杆理论，分析你正在或准备进行的创业项目的支点是什么，都有哪些资源（如团队、产品、资金、影响力等）可以作为你的杠杆？

步骤三、怎样组建我的团队

——掌握团队组建的具体步骤，能针对自己的项目开展初步的组建工作。
——学习用杠杆的思维方式找到创业项目做大的途径。

一、了解创业团队组织结构设计原则

创业团队的组织结构不是一成不变的，团队的构建应该秉承提高工作效率以及节约成本的原则，根据发展阶段和经营规模大小，对组织结构进行变更与调整。

1. 尽量减少管理层级

管理层级是指最高主管的委托人需要将受托担任的部分管理工作再委托给另一些人来协助进行，以此类推，直至受托人能直接安排和协调组织成员执行具体业务活动，由此形成组织中从最高主管到具体工作人员之间的不同管理层次。

由于项目尚处于初创阶段，创业团队成员较少，工作关系较简单，经营和决策过程有较高的灵活度，此时适宜采用扁平化的组织架构，一般2~3个层级就足够了。较少的管理层级可以提高组织的信息收集、传递和决策效率，发挥组织的内在潜力和创新能力，从而提高组织的整体绩效，达成组织的战略目标。

2. 适当增大管理幅度

管理幅度又称为"管理宽度"，是指任何主管能够直接有效地指挥和监督的下属数量。有效管理幅度的大小会受到管理者本身素质及被管理者的员工素质、工作内容、组织文化、工作环境与工作条件等诸多因素影响。一般来说，高层管理幅度3~6人较为合适，中层管理5~9人较为合适，低层管理幅度7~15人较为合适。

管理学大师兰西奥尼在《团队协作的五大障碍》中提到（见图9-1），团队协作的第一大障碍，就是成员间缺乏信任。

无法建立信任的危害极大，会造成第二大障碍，惧怕冲突。

因为惧怕冲突，所以没有有效争论，就产生第三大障碍，欠缺投入。

投入不够，成员间没有共识，就会有第四大障碍，逃避责任。

如果大家都逃避责任，那么这就不是一支好的团队，也就会有第五大障碍，无视结果。

也许你比对手有更多的用户、更好的技术、更多的资本,但是,如果没有一支有效协作的团队,这些优势都无法发挥作用,一切都无从谈起。

图 9-1 团队协作的五大障碍

怎么办?如何解决团队协作的五大障碍?

请查阅相关资料,分享你认为有效的练习和改进方法。学习平台的阅读材料《别让团队"坏"了》也能给你提供一些学习线索。

二、设计团队组织结构

设计团队组织结构的步骤:

第一步:弄清创业项目内部需要哪些工作职能,应该划分成哪些部门,设置哪些岗位。

第二步:明确各工作部门和岗位之间的关系,是从属关系还是并列关系,考虑并列关系的部门和岗位之间如何进行协调和配合。

第三步:明确各工作部门和岗位的工作职责和内容。

第四步:明确各部门和岗位应该设置哪些人员,设置多少。

小微企业最常见的组织结构是直线型组织结构(见图 9-2),也就是把企业的人员按照工作责任分成若干部门,并为每个部门设置一个领导岗位,然后明确各部门之间的关系。这种组织结构使企业内部从上到下实行垂直领导,下属部门只接受一个上级的领导,部门领导对所属部门的一切问题负责。

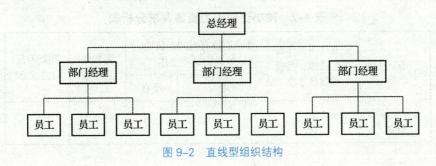

图 9-2 直线型组织结构

项目七 搭台子

三、招聘员工

员工招聘工作步骤:

第一步:明确岗位需求信息。因事设岗,明确岗位职责并编制岗位工作说明,确定相应岗位员工所需素质和技能,预计相应岗位所需员工数量。

第二步:发布招聘信息。招聘信息内容应明确列出招聘岗位的岗位职责及岗位要求,一般每项列 3~6 条即可,简明扼要,条理清晰,突出岗位特性及要点。

发布招聘信息的渠道或途径:招聘会现场、网络、校园、报纸、户外广告牌等,也可以派发街头传单,或者委托专业人力资源公司、猎头和在职员工推荐介绍。

第三步:面试选拔。

邀约面试:根据简历与岗位需求匹配度,筛选面试者;准备电话初步面试及邀约话术;实施电话初步面试及邀约下一步面试。

实施面试测评:确定面试流程、周期以及面试官层级,准备面试测评工具,组织面试测评,从全部面试者中筛选出录用候选人。

薪资谈判:了解候选人原单位的待遇福利状况,讲清本企业的待遇福利状况、发展前景,以及该岗位候选人未来能取得的成就与地位。

第四步:录用。

背景调查及审批:做背景调查前,应该提前取得候选人的同意,或者在填写企业岗位申请表时声明可能会采取的背景调查事项。背景调查的内容包括但不限于原工作单位、工作时间、工作岗位、离职原因、身份证明、学历证明、离职证明、身体状况、是否有违法记录等。

发送录用通知书:录用通知书内容包括但不限于报到时间、地址、岗位、薪资待遇、所需材料以及无效约定等。

入职报到:明确入职报到流程,签订劳动合同,接待安置新入职员工,带新入职员工熟悉了解办公环境等。

第五步:试用转正。明确试用期限、试用期的薪资待遇、试用期合格考查标准、转正后的薪资待遇等。

请以你的创业项目为例,填写表 9-2。

表 9-2 微小企业人力资源需求分析表

工作内容	完成这项工作需要的技能、经验和其他要求	业主有没有时间、技能、经验做这项工作		需要的员工数	预期的员工工资额
		有	没有		
办公室综合管理					

续表

工作内容	完成这项工作需要的技能、经验和其他要求	业主有没有时间、技能、经验做这项工作		需要的员工数	预期的员工工资额
		有	没有		
记账算账					
市场调查和营销					
项目成本管理					
销售目标制定与实施					
购买产品、原材料、服务等					
监督生产					
其他工作（详细说明）					

 检查归纳

四、管理员工

员工作为项目运营至关重要的生产要素之一，能否为创业项目创造更高的效益，主要取决于业主或经理的员工管理能力水平。

管理好员工，可以从以下几个方面入手：

（1）向每一位员工讲解自己团队的使命与愿景，让员工融入团队中，让他对团队有归属感；

（2）让员工明确自己的工作目标与任务，并指导员工做出详细的工作计划；

（3）及时跟进了解员工工作计划的执行情况，并适时给予员工必要的援助；

（4）对员工的工作表现定期进行总结和反馈；

（5）对员工的工作成效及时进行相应激励或奖惩，如物质奖励与惩罚、名誉的褒奖与批评、职位的升迁与下降等；

（6）关怀员工的成长，支持鼓励员工参加相关业务能力提升的学习培训机会；

（7）关怀员工的生活、健康状况，如给员工进行定期体检、举办员工活动、做好生日及节假日关怀等。

复盘评价

丈量问题的刻度尺

丈量问题的刻度尺可以帮助我们界定问题，使问题描述具体化；可以加强我们对事物的知觉，包括自尊、自信、愿意为改变投入的行动、为改变而愿意辛苦工作的程度、问题解决的优先级、进展的评价等；也可用来作为指导进展的指标，使行为显性化，表达我们对过去的观察和对未来的评估，从而能从中比较出不一样的变化。

团队挑战：不倒的高塔

组建有用的团队是成功创业的关键。你心目中的创业团队是怎样的？你想组建一支怎样的创业团队？请遵循创业团队组建的基本原则，按照团队组建的具体步骤，使用团队杠杆原理，创立你的项目创业团队。

首先进入建塔挑战环节：

1. 各小组5~8人，在15分钟内利用下发的废纸、剪刀及胶带，搭建一座纸塔，造型不限。
2. 整个过程，有知觉地参与和观察。
3. 搭建开始前每个小组有5分钟商讨时间。
4. 搭建过程中，所有成员禁止语言交流，全程保持静默。
5. 高塔的评比维度：稳、高、美。
6. 拉票环节，每组可派一名代言人用一句话讲解自己作品的价值、特点。
7. 每组有3次投票权。

用"问题刻度尺"进行活动复盘

接下来，我们将运用"问题刻度尺"对刚才的建塔活动进行复盘：

1. （从对事物的知觉角度）在刚才的团队挑战中，你的情绪、感受有哪些，与以往有什么不同？
2. （从进度和行为显性化的角度）你认为团队协作包括哪些重要维度，你给自己的行为打几分，为什么？
3. （从问题界定和具体描述的角度）如果游戏重来一次，你将从哪些方面提升自己团队的协作效率，你认为能提升到多少分？

任务执行评价见表 9-3。

表 9-3 任务执行评价

序号	评价维度	评价内容	所占分值/%	自我评价（30%）	小组评价（20%）	教师评价（50%）
1	任务完成情况	学习自觉性高，积极主动，一丝不苟。遵守时间，能在规定时间内完成并上交	10			
2	任务呈现形式	如实记录，表达准确，条理清晰，内容丰富，图文并茂，有一定的创新力	20			
3	行动工具的运用	正确使用行动工具，作业步骤清晰，能够举一反三、融会贯通	25			
4	任务成果的达成	思想上积极上进，有强烈的求知欲和进取心，能够立足专业、提升技能、夯实基础，综合素养得到全面提升	25			
5	学习小组合作情况	团队目标明确，沟通顺畅，有团队协作精神，有领导组织能力	20			
		小计				
		合计				

今日资讯

任务 10
选择你企业的法律形态

● 【任务关键词】

法治

● 【任务成果箱】

（1）建立创业者的市场经济法治观念；
（2）高扬法治精神，建设企业治理体系，持续提升企业治理能力的现代化水平。

● 【知识目标】

（1）能够说出企业法律形态的分类；
（2）能够说出不同企业法律形态的要素和特征；
（3）掌握申办企业的具体流程。

● 【能力目标】

（1）能够为初创企业选择合适的企业法律形态；
（2）能够实际操作企业申办流程；
（3）能够初步落实企业管理规划。

● 【素质目标】

建立法律意识，形成法治观念。

步骤一、企业的法律形态是什么

——掌握创业企业的法律形态。

一、知悉企业的法律形态

创业者需要了解，企业作为一种组织，必须具有一定的法律形态。也就是说，创业者在开创创业项目的同时，必须考虑办一家什么形式的企业。企业法律形态是指依照国家法律规范设立的企业组织形式。为此，要学习《中华人民共和国民法典》《中华人民共和国公司法》（以下分别简称《民法典》《公司法》）等相关法律法规，深入比较不同企业的法律形态特点，以便为自己的企业作出最合适的选择。

依照企业的法律地位，即是否独立享有权利、承担义务和责任划分，可将企业分为法人企业和非法人企业。法人企业是指依法享有法人资格，能够独立承担民事责任的企业。非法人企业是指不具备法人资格，不能独立承担民事责任的企业。

《民法典》第五十七条：法人是具有民事权利能力和民事行为能力，依法独立享有民事权利和承担民事义务的组织。

《民法典》第五十八条：法人应当依法成立。法人应当有自己的名称、组织机构、住所、财产或者经费。法人成立的具体条件和程序，依照法律、行政法规的规定。设立法人，法律、行政法规规定须经有关机关批准的，依照其规定。

法人企业和非法人企业的区别

法人企业是指依照法定程序成立并能独立行使法定权利和承担法律义务的社会组织。法人企业依法独立享有民事权利、承担民事义务和民事责任，可以独立支配和处分所经营管理的财产。

非法人企业是指合法成立，有一定组织机构和财产，但又不具备法人资格的社会组织，它具有相应的民事权利能力和民事行为能力。非法人企业由企业成员承担无限民事责任。当企业出现负债，且其自身拥有的财产和经费不足以清偿债务时，企业出资人个人将对企业所欠债务承担连带清偿责任。

《民法典》第六十一条：依照法律或者法人章程的规定，代表法人从事民事活动的负责人，为法人的法定代表人。法定代表人以法人名义从事的民事活动，其法律后果由法人承受。法人章程或者法人权力机构对法定代表人代表权的限制，不得对抗善意相对人。

法人是个组织，法定代表人是自然人。法人的本质是法人能够与自然人同样具有民事权利能力，成为享有权利、负担义务的民事主体。《民法典》以法人成立目的的不同为标准，将法人分为营利法人、非营利法人和特别法人。

 学习计划

心得记录

1. 营利法人

依据《民法典》的规定，营利法人是以取得利润并分配给股东等出资人为目的成立的法人，包括有限责任公司、股份有限公司和其他企业法人等。营利法人依法登记成立，由登记机关发给营利法人营业执照。营业执照签发日期为营利法人的成立日期。营利法人从事经营活动，应当遵守商业道德，维护交易安全，接受政府和社会的监督，承担社会责任。

2. 非营利法人

《民法典》规定，非营利法人是为公益目的或者其他非营利目的成立，不向出资人、设立人或者会员分配所取得利润的法人，包括事业单位、社会团体、基金会和社会服务机构等。非营利法人终止时，不得向出资人、设立人或者会员分配剩余财产。剩余财产应当按照法人章程的规定或者权力机构的决议用于公益目的；无法按照法人章程的规定或者权力机构的决议处理的，由主管机关主持转给宗旨相同或者相近的法人，并向社会公告。

3. 特别法人

《民法典》规定，机关法人、农村集体经济组织法人、城镇农村的合作经济组织法人、基层群众性自治组织法人为特别法人。

符合法人设立条件，依法取得法人资格的企业为法人企业；不符合法人条件，依法不能取得法人资格的为非法人企业。

目前，法人企业在社会经济生活中占据主导地位，非法人企业也是普遍存在的。例如，有限公司就是典型的法人企业，分公司、个人独资企业、合伙企业则属于非法人企业。

我们通常说的公司，一般是指依照《公司法》在中国境内设立的有限责任公司和股份有限公司。二者的主要区别在于有限责任公司的股东以其认缴的出资额为限对公司承担责任，而股份有限公司的股东以其认购的股份为限对公司承担责任。

有限责任公司和股份有限公司都是企业法人，有独立的法人财产，享有法人财产权。公司以其全部财产对公司的债务承担责任。

创办企业时，创业者首先要了解企业的法律形态及特点，这些合法存在的不同企业法律形态，并无优劣之分，选准最符合创业所需要的企业法律形态，才是最关键的。

二、法人企业的主要形式

"白手起家"创业成为现实

2013年12月28日,十二届全国人大常委会第六次会议审议通过了关于修改《公司法》的决定。

修改后的《公司法》自2014年3月1日起施行。除了另有规定的情况,新《公司法》取消了关于公司股东应当在公司成立之后两年内缴足出资,投资公司可以在五年内缴足出资的规定,取消了一人有限公司的股东应当一次足额缴纳出资的规定,公司股东可以自主约定认缴出资额、出资方式、出资期限等,并记载于公司的章程。

注册资本的实缴制与认缴制,是企业登记时对注册资本的两种模式。二者之间的不同在于以下两点:

1.实缴制是指企业营业执照上的注册资本是多少,该公司的银行验资账户上就必须有相应数额的资金。实缴制需要占用企业的资金,一定程度上抑制了投资创业,降低了企业资本的营运效率。

2.认缴制是指市场监督管理部门只登记公司认缴的注册资本总额,无须登记实收资本,不再收取验资证明文件。认缴登记制不需要占用企业资金,可以有效提高资本运营效率,降低企业成本。

注册资本实缴登记制改为认缴登记制的优点在于以下4点:

1.减少投资项目审批,最大限度地缩小审批、核准、备案范围,切实落实企业和个人投资自主权。对确需审批、核准、备案的项目,要简化程序、限时办结。同时,为避免重复投资和无序竞争,强调要加强土地使用、能源消耗、污染排放等管理,发挥法律法规、发展规划、产业政策的约束和引导作用。

2.减少生产经营活动审批事项,按照行政审批制度改革原则,最大限度地减少对生产经营活动和产品物品的许可,最大限度地减少对各类机构及其活动的认定等非许可审批。

3.减少资质资格许可,对不符合行政许可法规定的,一律予以取消;按规定需要对企业事业单位和个人进行水平评价的,改由有关行业协会、学会具体认定。

4.减少行政事业性收费,取消不合法不合理的行政事业性收费和政府性基金项目,降低收费标准,建立健全政府非税收入管理制度。

此次《公司法》的修改,除将公司注册资本实缴登记制改为认缴登记制、取消公司注册资本最低限额外,还放宽了市场主体准入管制。对于充分利用现代公司制度的优势,激励社会投资热情,鼓励创新创业,特别是对促进小微企业、创新型企业成长,以创业带动就业、拉动内需,增强经济发展的内生动力,具有十分重要的意义。

↪ 心得记录

法人企业的主要形式有以下几种：

1. 有限责任公司

有限责任公司（有限公司）是我国企业实行公司制最重要的一种组织形式，是指根据《中华人民共和国公司登记管理条例》规定登记注册，由50个以下的股东出资设立，每个股东以其所认缴的出资额为限对公司承担有限责任，公司以其全部资产对公司债务承担全部责任的经济组织。其优点是设立程序比较简单，不必发布公告，也不必公布账目，尤其是公司的资产负债表一般不予公开，公司内部机构设置灵活。其缺点是由于不能公开发行股票，筹集资金范围和规模一般都比较小，难以适应大规模生产经营活动的需要。因此，有限责任公司（有限公司）这种形式一般适于中小型非股份制公司。

有限责任公司（有限公司）的注册条件和内容见表10-1。

表10-1 有限责任公司（有限公司）的注册条件和内容

业主数量	由2个以上50个以下的股东组成
注册资本	无资本数量限制（有地方规定的除外）
成立条件	1．股东符合法定人数（2人以上）； 2．股东出资达到法定资本最低限额（根据行业的不同有所不同，一般有3档：10万元，30万元，50万元）； 3．有股东共同制定的公司章程； 4．有公司名称，建立符合有限责任公司要求的组织机构； 5．有固定的生产经营场所和必要的生产经营条件
经营特征	公司设立股东大会、董事会和监事会，并由董事会聘请职业经理人管理公司，经营业务
利润分配债务责任	股东按出资比例分配利润，并以出资额为限承担有限责任

2. 一人有限责任公司

《公司法》第五十七条规定，一人有限责任公司是指只有一个自然人股东或者一个法人股东的有限责任公司。一人有限责任公司也称一人公司或独资公司或独股公司，由一名股东（自然人或法人）持有公司的全部出资。

一人有限责任公司的注册条件和内容见表10-2。

表10-2 一人有限责任公司的注册条件和内容

业主数量	只有一个自然人股东或者一个法人股东
注册资本	无资本数量限制（有地方规定的除外）

续表

经营特征	1. 一个自然人只能投资设立一个一人有限责任公司； 2. 一人有限责任公司应当在公司登记中注明自然人投资或者法人投资，并在公司营业执照中载明； 3. 不设股东会，股东作出决定时，应当采用书面形式，并由股东签名后置备于公司
利润分配 债务责任	1. 一人有限责任公司的股东仅以其出资额为限对公司债务承担有限责任； 2. 如果一人有限责任公司的股东不能证明公司财产独立于自己财产的，应当对公司债务承担连带责任

3. 股份有限公司

股份有限公司是指公司资本为股份所组成的公司，股东以其认购的股份为限对公司承担责任的企业法人。《公司法》规定，设立股份有限公司，应当有2人以上200人以下为发起人。由于所有股份公司均须是负担有限责任的有限公司（但并非所有有限公司都是股份公司），所以一般合称"股份有限公司"。

股份有限公司的注册条件和内容见表10-3。

表10-3　股份有限公司的注册条件和内容

业主数量	股东包括全体企业成员
注册资本	无资本数量限制（有地方规定的除外）
成立条件	无具体规定
经营特征	1. 企业成员入股，一般实行全员入股； 2. 建立资本金制度； 3. 职工既是参股人又是劳动者
利润分配 债务责任	股东按出资比例分配利润，并以出资额为限承担有限责任

影视剧里上市公司争夺战的法律常识

上市公司，是指其股票在证券交易所上市交易的股份有限公司。

根据法律规定，我国的股份有限公司应当有2人以上200人以下为发起人，其中须有半数以上的发起人在中国境内有住所。而上市公司需要公开流通，一般控股股东持股的比例并不高，比如：京东创始人刘强东，截至2022年3月31日，其持股为13.8%；腾讯2021年年报显示，截至2021年12月31日，

> 马化腾持股为8.38%。上市公司的股权较为分散，尤其是"巨无霸"公司，大股东的持股比例不高，所以，公司的控制权争夺主要是对日常经营决策机关——董事会席位的争夺。
>
> 股份有限公司设董事会，其成员为5~19人。董事会设董事长1人，可以设副董事长。董事长和副董事长由董事会以全体董事的过半数选举产生。
>
> 董事会会议应有过半数的董事出席方可举行。董事会作出决议，必须经全体董事的过半数通过。董事会决议的表决，实行1人1票。
>
> 股份有限公司设经理，由董事会决定聘任或者解聘。公司董事会可以决定由董事会成员兼任经理。
>
> 《上市公司治理准则》第三十一条规定，在董事的选举过程中，应充分反映中小股东的意见。股东大会在董事选举中应积极推行累积投票制度。控股股东控股比例在30%以上的上市公司，应当采用累积投票制。采用累积投票制度的上市公司，应在公司章程里规定该制度的实施细则。

三、非法人企业的主要形式

1. 个体工商户

个体工商户是指在法律允许的范围内，依法经核准登记，从事工商业经营的自然人或者家庭。单个自然人申请个体经营，应当是16周岁以上有劳动能力的自然人。家庭申请个体经营，作为户主的个人应该有经营能力，其他家庭成员不一定都有经营能力。个体工商户可以起字号，个体工商户经核准登记，取得营业执照后，才可以开始经营。此外，国家机关干部、企事业单位职工，不能申请从事个体工商业经营。

个体工商户享有合法财产权，包括对自己所有的合法财产享有占有、使用、收益和处分的权利，以及依据法律和合同享有各种债权。个体工商户的债务，个人经营的，以个人财产承担；家庭经营的，以家庭财产承担；无法区分的，以家庭财产承担。

2. 个人独资企业

独资企业是指一人投资经营的企业。独资企业投资者对企业债务负无限责任。企业负责人是投资者本人。企业负责人姓名须与身份证相符，不得使用别名。按照我国现行税法有关规定，私营独资企业取得的生产经营所得和其他所得，应按规定缴纳私营个人所得税。

3. 合伙企业

合伙企业是指依照《中华人民共和国合伙企业法》在中国境内设立的由各合伙

人订立合伙协议，共同出资、合作经营、共享收益、共担风险，并对合伙企业债务承担无限连带责任的营利性组织。合伙协议依法由全体合伙人协商一致，以书面形式订立。

合伙企业一般无法人资格，不缴纳企业所得税，缴纳个人所得税。合伙企业类型有普通合伙企业和有限合伙企业两种。

根据我国法律规定，国有独资公司、国有企业、上市公司，以及公益性的事业单位、社会团体不得成为普通合伙人。

连带责任

连带责任是指两个以上须承担同一民事责任的人，连带责任人中任何一人对违反法律义务的后果都必须负全部责任。权利人可以对任何一方提出承担民事责任的请求。

在向权利人承担责任后，各责任人根据各自的具体情况再分担责任。

无限连带责任

无限连带责任，是指每个合伙人对于合伙债务都负有全部清偿的义务，而合伙的债权人也有权向合伙人中的任何一人或数人要求其清偿债务的一部分或全部。

问题：非法人企业可以称为"公司"吗？

阐释：根据《公司法》对公司的界定，我国法律管辖范围内，所认定的公司是指依照《公司法》在中国境内设立的有限责任公司和股份有限公司。而非法人企业，比如个体工商户、合伙企业、个人独资企业在其名称中使用"公司"字眼，不受法律保护。

更多学习，可参照《中华人民共和国个人独资企业法》《中华人民共和国公司登记管理条例》。

步骤二、为什么要重视企业的法律形态

心得记录

——创办企业选择合适的企业法律形态至关重要。

一、对比各种企业法律形态的优劣

初创企业最常见的法律形态主要有个体工商户、个人独资企业、合伙企业和有限责任公司等4种。

1. 个体工商户

除国家机关干部、国家公务员、企事业单位职工以外的个人或家庭，都可以申请成为个体工商户。从某种意义上说，个体工商户就是经过工商注册的自由职业者。

个体工商户主要以商铺门店作为经营场所，通过零售商品和提供民生服务获得收入。一个注册个体工商户，背后至少有一个个体工商户主。有的个体工商户生意兴隆，在雇工人数和年营业额数量上基本达到小型企业的规模，但只要没有注册公司，在统计意义上就依然是个体工商户。在一些专业市场，如服饰市场、建材市场、家具市场、水产市场、茶叶市场中，经营规模大、实力雄厚的个体工商户虽然早已实现"前店后厂"，但因为有一个在专业市场的商铺，仍可继续享受国家给予个体工商户的优惠政策。在我国，平均个体工商户的注册资金为3.53万元，每个个体工商户除户主本人外，为社会创造了1.02个就业机会。

2. 个人独资企业

个人独资企业也称个人业主制企业，是一种相对简单的企业法律形态。个人独资企业往往规模较小，在小型加工、零售商业、服务业领域较为活跃。

个人独资的优势首先表现在企业在经营上的制约因素少，开设、转让与关闭等，一般仅需向市场监督管理部门登记即可，手续简单。企业主在决定如何管理方面有很大自由，经营方式灵活多样，处理问题简便、迅速。由于是个人独资，有关企业销售数量、利润、生产工艺、财务状况等均可保密，这无疑有助于企业在竞争中保持优势。

其次，个人独资企业只需交纳个人所得税，税负成本低，税后利润归个人所有，不需要和别人分摊。

然而，个人独资企业也存在无法回避的劣势，主要是由个人承担无限财产责任。当企业资产不足以清偿企业债务时，法律规定企业主不能以投资企业的财产为限，而要用企业主个人的其他财产来清偿债务。也就是说，一旦经营失败，企业主就有可能倾家荡产。另外，个人独资企业很难以企业名义融资。

创业者在创业初期可以选择个人独资企业，但发展到一定规模时，就应考虑转向其他法律形态的企业，如引进合伙人或者成立有限责任公司等，从而确保企业快速成长。

3. 合伙企业

合伙企业主要有两种形式：普通合伙企业和有限合伙企业。这两种类型企业的区别在于合伙人承担的责任不同。

普通合伙企业由普通合伙人组成，合伙人对合伙企业债务承担无限连带责任。普通合伙企业的特点如下：

（1）有不少于2名合伙人。合伙人可以是自然人、法人、其他组织。

（2）只缴纳个人所得税，不缴纳企业所得税。

（3）所有合伙人都有权参与企业决策，管理企业运作；对企业债务承担无限连带责任。

（4）很难以企业名义融资。

根据普通合伙企业的定义和特点可以发现，普通合伙企业其实就是两人或多人版的个人独资企业。可以说，普通合伙企业的优缺点和个人独资企业基本是一样的。

有限合伙企业由普通合伙人和有限合伙人组成，普通合伙人对合伙企业债务承担无限连带责任，有限合伙人以其认缴的出资额为限对合伙企业债务承担责任。有限合伙企业的特点如下：

（1）有2~50名合伙人，至少有1名普通合伙人。合伙人可以是自然人、法人、其他组织。

（2）有限合伙人一般不能参与企业的日常管理，他们一般只是出资后依据自己的出资比例从企业经营利润中获得自己的份额。企业经营由普通合伙人负责。

（3）只缴纳个人所得税，不缴纳企业所得税。

（4）普通合伙人对企业债务承担无限连带责任，有限合伙人以出资额承担有限责任。

有限合伙企业的优点是税负成本低，普通合伙人能完全掌控企业的运作。最大的缺点是普通合伙人对债务承担无限连带责任，这也是对普通合伙人最大的不利因素。

综合来看，与个人独资企业相比，合伙企业的资金来源较广，信用度也大有提高，因而容易筹措资金，如从银行获得贷款，从供货商那里赊购产品；合伙人集思广益，可以增强决策能力和经营管理水平，提高企业的市场竞争力。

不过，如上所述，合伙企业也有劣势。首先，合伙人需要承担无限连带责任，使其家庭财产具有经营风险，因此合伙关系必须要以相互之间的信任为基础。其次，企业的存亡因素过于集中，如果合伙人产生意见分歧，互不信任，就会影响企业的有效经营。再次，产权不易流动。根据法律规定，合伙人不能自由转让自己所拥有的财产份额，产权转让必须经过全体合伙人同意；并且，接受转让的人也要经过所有合伙人的同意，才能购买产权，成为新的合伙人。

4. 有限责任公司

首先，有限责任公司是以出资人的出资额为限承担公司的经营风险，在公司有债务时，股东只根据各自的投资额承担有限责任，如公司破产，债权人不能剥夺股东的私有财产，如房产、汽车和存款等，这就降低了投资的风险，有利于投资人分

> 检查归纳

散投资，通过优化投资组合取得最佳的投资回报；其次，有限责任公司的形式也可以吸纳多个投资人，促进资本的有效集中，而且产权主体多元化，必然促使公司形成有效的公司治理结构；再次，有限责任公司由股东会选举和更换董事，由董事会聘任或解聘公司经理，公司财产所有权与经营权分离，有利于公司经营稳定、长远发展。

但是，有限责任公司也有劣势，如：不能公开募集股份、发行股票；需要缴纳企业所得税、个人所得税；有限责任公司有注册资金认缴的要求。而个体工商户和合伙企业对注册资金没有限定，只需缴纳个人所得税。

> **案例学习**
>
> 注册资金认缴制的潜在风险
>
> 注册资本取消实收，大家都欢呼叫好，认为可以给企业减负，促进创业；但实际上，创业者潜在的风险比以前大了。
>
> 注册资金认缴制下，有些创业者为了显示公司规模，把认缴注册资本报得很高，而实际出资却不到位，其实会给自己带来一些潜在的风险。
>
> 在注册资本实收的时代，企业如果欠了债，就把公司的账面摊开，账上还有多少钱，能赔就赔，赔不了就算。比如某家公司注册资本100万元，欠了你80万元要赔。但公司的账面显示亏损20万元，库存40万元，应收账款40万元。应收账款转给你，你负责去催收，收到了是你的，收不到也没办法；库存折价处理得了20万元，你只能拿到20万元的现钱，多了也没有了。除非你能证明该公司股东是恶意抽逃了注册资本，否则股东的个人资产不会受到影响。
>
> 现在，例如，有些人出于好心，让朋友在自己的地址上挂靠注册了公司，并名义上占了一些股份。但如果这些股份的注册资本没有实收，且公司出现了债务危机时，这个人就要在自己认缴的资金范围内承担公司债务。
>
> 企业形成债务，有主观原因和客观原因。主观原因是拖欠供货商的货款等，客观原因是一些不可抗因素，比如因过失给别人带来巨大损失，比如企业没有给员工买社保，员工索赔，或员工出了工伤索赔。风险无处不在，提前预防会更好。
>
> （梁茵棋，http: //blog.sina.com.cn/s/blog_4e2796210102uxdi.html）

二、选择合适的企业法律形态

创业者成立企业时，需要结合自己的偏好、业务特点、中长期需求、税收环境、创业者的价值理念等，分析企业每种法律形态的特点，确认最符合企业发展需求的法律形态。一个合适的企业法律形态，可以保护创业者在合法的前提下实现自己的创业目标。

不同的法律形态对初创企业会造成的影响可以从以下几个方面进行考量：

（1）创业者的价值理念；

（2）开办和注册企业的成本、办理手续的难易程度；

（3）开办企业的规模、业务特点、经营特征；

（4）行业类型和发展前景；

（5）企业主的风险责任和责任分担；

（6）开办企业的资本需求，筹集资金、寻求贷款的难易程度；

（7）寻找合伙人的可能性；

（8）企业的决策程序；

（9）企业利润所得、利润分配及税收环境。

复盘评价

案例学习

今日资讯

设立企业只能选择法律规定的企业法律形态，不能随心所欲任意塑造。但企业的法律形态不是一成不变的，企业法律形态可以根据企业发展需要，在经营过程中择时变更。

案例学习

从有限责任公司到个体工商户

2012年，毕业于生物技术专业的赖嘉宝同学决定以自己在大学创业实践中积累的资金和经验，与同学合伙创业。

赖嘉宝大学期间参加创业大赛，荣获过大赛冠军，并获得东莞光大集团200万元的风险投资。考虑到投资方在东莞的资源优势，赖嘉宝决定在东莞开始自己的第一次创业。

创业团队原计划注册成立"怡可轩餐饮管理有限责任公司"，注册资本300万元。不过，最终，赖嘉宝同学采纳了投资方财务顾问给出的方案，以个体工商户的形式开设了自己的个体店。

（《广东省大学生创业案例汇编（内部出版物）》）

请思考并回答以下问题：

根据上面的学习内容，请分析，具备什么条件时，赖嘉宝的企业可以考虑变更企业法律形态？

 学习计划

大学生团队在创业时，首先应该考虑如何将有限的资金用到最需要的地方。例如，企业初创，多是通过家庭筹措、贷款和风投等方式筹集资金，额度有限，且自身没有什么财产积累，可以考虑设立个体工商户，承担无限责任，获得更多政策优惠。等企业有了一定发展，有新投资者加盟时，可变更为合伙企业，仍然承担无限连带责任。当企业进一步发展壮大，资产和风险不断增加，开始有保护所有者个人财产的需要时，可变更为有限责任公司。如果企业继续发展壮大，就可以发展重组，设立股份有限公司，创业团队部分成员可以不再参与公司的经营，但可以控制公司运作。就像案例中提到的，赖嘉宝创业团队为了节约资金、获得更多政策优惠，按专家建议，先设立个体工商户，承担无限连带责任，等企业发展壮大后，再变更企业法律形态设立公司，投资人各自承担有限责任，这是一种可行的操作办法。

请结合上面提到的选择初创企业法律形态要考量的9个方面和赖嘉宝创业团队案例，为你的创业项目选择合适的初创形态（见表10-4）。

表10-4 选择你的创业项目初创形态

序号	要考量的因素	描述你的愿景
1	创业者的价值理念	
2	开办和注册企业的成本、办理手续的难易程度	
3	开办企业的规模、业务特点、经营特征	
4	行业类型和发展前景	
5	企业主的风险责任和责任分担	
6	开办企业的资本需求，筹集资金、寻求贷款的难易程度	
7	寻找合伙人的可能性	
8	企业的决策程序	
9	企业利润所得、利润分配及税收环境	
	作出你的选择	

步骤三、如何申办企业

 心得记录

——掌握申办企业的具体流程。
——规划企业管理，实现企业成长。

市场主体是市场上从事交易活动的组织和个人，既包括自然人，也包括以一定组织形式出现的法人。市场主体登记是指市场主体应当依法办理登记，未经登记，不得以市场主体名义从事经营活动，法律、行政法规规定无须办理登记的除外。市场主体登记包括设立登记、变更登记和注销登记。

截至2022年6月底，全国登记在册市场主体1.61亿户，较2021年年底增长4.4%。其中，企业5 038.9万户，增长4.1%；个体工商户10 794.1万户，增长4.6%。

> **案例学习**
>
> ### "被老板"的解决之道
>
> 生活中，有的人莫名其妙地成为某些企业的股东和法定代表人，甚至名下会有一些企业。这种情况下，可能是你遭遇了被他人冒用身份，被虚假注册登记。
>
> 关于虚假登记撤销，《中华人民共和国市场主体登记管理条例》这样规定：
>
> 提交虚假材料或者采取其他欺诈手段隐瞒重要事实取得市场主体登记的，受虚假市场主体登记影响的自然人、法人和其他组织可以向登记机关提出撤销市场主体登记的申请。
>
> 涉嫌冒用自然人身份的虚假登记，被冒用人应当配合登记机关通过线上或者线下途径核验身份信息。涉嫌虚假登记市场主体的登记机关发生变更的，由现登记机关负责处理撤销登记，原登记机关应当协助进行调查。
>
> 登记机关收到申请后，应当在3个工作日内作出是否受理的决定，并书面通知申请人。
>
> 登记机关受理申请后，应当于3个月内完成调查，并及时作出撤销或者不予撤销市场主体登记的决定。情形复杂的，经登记机关负责人批准，可以延长3个月。
>
> 登记机关受理申请后，应当及时开展调查，在调查期间，相关市场主体和人员无法联系或者拒不配合的，登记机关可以将涉嫌虚假登记市场主体的登记时间、登记事项，以及登记机关联系方式等信息通过国家企业信用信息公示系统向社会公示，公示期为45日。相关市场主体及其利害关系人在公示期内没有提出异议的，登记机关可以撤销市场主体登记。
>
> 因虚假市场主体登记被撤销的市场主体，其直接责任人自市场主体登记被撤销之日起3年内不得再次申请市场主体登记。登记机关应当通过国家企业信

用信息公示系统予以公示。

在此，提醒大家，请妥善保管个人身份证件及数字证书等资料，不随意公开个人的信息，不轻易让别人代为签名。

一、个体工商注册流程

办理个体工商注册，一般要经过以下步骤：

（1）咨询、领取并填写《名称（变更）预先核准申请书》，同时准备相关材料；香港、澳门永久性居民中的中国公民设立个体工商户的，应提交身份证件及身份核证文件。

（2）递交《名称（变更）预先核准申请书》，等待名称核准结果。

（3）领取《企业名称预先核准通知书》，同时领取《个体工商户开业登记申请书》，经营范围涉及前置许可的（具体项目参见市场监督管理局印制的《企业登记前置许可项目目录》），办理相关审批手续。

（4）递交申请材料，材料齐全，符合法定形式的，等候领取《准予设立登记通知书》。

（5）领取《准予设立登记通知书》，按照《准予设立登记通知书》确定的日期到市场监督管理局交费并领取营业执照。

（6）办理税务登记。

营业执照是指发给工商企业、个体经营者的准许从事某项生产经营活动的凭证。其格式由国家市场监督管理总局统一规定。

市场主体营业执照应当载明名称、法定代表人（执行事务合伙人、个人独资企业投资人、经营者或者负责人）姓名、类型（组成形式）、注册资本（出资额）、住所（主要经营场所、经营场所）、经营范围、登记机关、成立日期、统一社会信用代码。

营业执照分正本和副本，二者具有相同的法律效力（注：电子营业执照与纸质营业执照具有同等法律效力）。正本应当置于公司住所或营业场所的醒目位置，营业执照不得伪造、涂改、出租、出借、转让。

没有营业执照的工商企业或个体经营者一律不许开业，不得刻制公章、签订合同、注册商标、刊登广告，银行不予开立账户。

申请人申请市场主体设立登记，登记机关依法予以登记的，签发营业执照。营业执照签发日期为市场主体的成立日期。

检查归纳

二、合伙企业注册登记事项

设立合伙企业，应当具备《中华人民共和国合伙企业法》规定的条件。合伙企业的登记事项应当包括：

（1）名称；

（2）主要经营场所；

（3）执行事务合伙人；

（4）经营范围；

（5）合伙企业类型；

（6）合伙人姓名或者名称及住所、承担责任方式、认缴或者实际缴付的出资数额、缴付期限、出资方式和评估方式。合伙协议约定合伙期限的，登记事项还应当包括合伙期限。执行事务合伙人是法人或者其他组织的，登记事项还应当包括法人或者其他组织委派的代表（简称委派代表）。

三、公司类企业注册流程

公司类企业注册流程为：办理企业名称核准→确定公司住所→形成公司章程→（前置审批→）申领营业执照→刻章备案→银行开设企业基本账户→办理税种登记和税种核定→进行社会保险登记→进行商标注册。

1. 办理企业名称核准

（1）咨询后领取并填写《名称（变更）预先核准申请书》《投资人授权委托意见》，同时准备相关材料。可能存在新名称不被核准的情况，建议可同时准备多个企业名称备选。

（2）递交《名称（变更）预先核准申请书》、投资人身份证、备用名称若干及相关材料，等待名称核准结果。

（3）领取《企业名称预先核准通知书》。

> **案例学习**
>
> 公司名称命名常识
>
> 公司名称形式：行政区划+字号+行业+组织形式，如广东步步高电子工业有限公司。
>
> 行政区划可以是省也可以是市，对公司税务等方面没有太多影响。公司字号是注册公司名称查询中的重点，基本原则是本地区、本行业（近似行业）不能重复，特指文字和读音不能重复，比如在餐饮行业中，已经有"真功夫"，就不能出现"真工夫"等字样。同时，字号也不得触犯驰名商标、保护字号等。公司名称中的行业描述，可以体现经营范围或核心业务，不能超出公司主营业务范围。公司类型一般分为有限责任公司和股份有限公司。

182　双创人才成长导学

公司字号禁止或限制使用的内容有：
1. 有损于国家、社会公共利益的；
2. 可能对公众造成欺骗或者误解的；
3. 外国国家（地区）名称、国际组织名称；
4. 政党、机关、群众组织、社会团体名称；
5. 汉语拼音字母（外文名称中使用的除外）、数字；
6. 其他法律、行政法规规定禁止的。

 复盘评价

给自己的创业公司命名

1．请你和小组成员共同商议，探讨如何给你们的公司命名。为避免新名称不被核准的情况，建议同时准备多个企业名称备选。

（1）_____
（2）_____
（3）_____
（4）_____
（5）_____

2．模拟填写《名称（变更）预先核准申请书》《投资人授权委托意见》，准备相关材料。

3．模拟递交《名称（变更）预先核准申请书》、投资人身份证、备用名称若干及相关材料。

2. 确定公司住所

租用办公场地需要签订租赁合同，并且一般要求使用市场监督管理局的统一制式租房协议。房屋提供者应根据房屋权属情况，分别出具以下证明：

（1）房屋提供者如有房产证，应另附房产证复印件，并在复印件上加盖产权单位公章或由产权人签字。

（2）无产权证的，由产权单位的上级或房产证发放单位在"需要证明情况"栏内说明情况并盖章确认；地处农村地区的，也可由当地政府在"需要证明情况"栏内签署同意在该地点从事经营的意见，并加盖公章。

（3）产权为军队房产，应提交加盖中国人民解放军房地产管理局专用章的"军队房地产租赁许可证"复印件。

（4）房屋为新购置的商品房又未办理产权登记的，应提交由购房人签字或购房单位盖章的购房合同复印件及加盖房地产开发商公章的预售房许可证、房屋竣工验

项目七　搭台子　183

收证明的复印件。

（5）房屋提供者为经市场监督管理机关核准具有出租经营权的企业，可直接在"房屋提供者证明"栏内加盖公章，同时出具加盖本企业公章的营业执照复印件，不再要求提供产权证。

（6）将住宅改变为经营性用房的，属城镇房屋的，还应提交《登记附表—住所（经营场所）登记表》及所在地居民委员会（或业主委员会）出具的有利害关系的业主同意将住宅改变为经营性用房的证明文件；属非城镇房屋的，提交当地政府规定的相关证明。

3. 形成公司章程

在市场监督管理局网站下载"公司章程"的样本，根据实际情况制定本公司的章程，章程的最后由所有股东集体签名，并署名日期。

根据我国相关法律法规规定，有下列情形之一的，不得担任公司、非公司企业法人的法定代表人：

1．无民事行为能力或者限制民事行为能力；

2．因贪污、贿赂、侵占财产、挪用财产或者破坏社会主义市场经济秩序被判处刑罚，执行期满未逾5年，或者因犯罪被剥夺政治权利，执行期满未逾5年；

3．担任破产清算的公司、非公司企业法人的法定代表人、董事或者厂长、经理，对破产负有个人责任的，自破产清算完结之日起未逾3年；

4．担任因违法被吊销营业执照、责令关闭的公司，非公司企业法人的法定代表人，并负有个人责任的，自被吊销营业执照之日起未逾3年；

5．个人所负数额较大的债务到期未清偿；

6．法律、行政法规规定的其他情形。

4. 前置审批

如经营范围中有特殊经营许可项目，还需报相关部门审批盖章，办理特种行业许可证。根据行业情况及相应部门规定不同，分为前置审批和后置审批（特种许可项目还涉及卫防、消防、治安、环保、科委等有关部门）。

5. 申领营业执照

市场监督管理局对企业提交材料进行审查，确定符合企业登记申请，市场监督管理局核定，发放工商企业营业执照，并公告企业成立。

6. 备案刻章

凭营业执照，到公安局指定的刻章社刻公章、合同章、财务章。在后面的过程中，需要用到公章或财务章。

7. 开设企业基本账户

基本账户是指存款人办理日常转账结算和现金收付而开立的银行结算账户。企业经营活动的日常资金收付以及工资、奖金和现金的支取均可通过该账户办理。存款人只能在银行开立一个基本存款账户。开立的基本存款账户是开立其他银行结算账户的前提。企业开立的基本账户的名称，应按照营业执照上的单位名称设置，具体可在企业属地任一家具有对公业务的银行金融网点开立。

在开设企业基本账户环节，如需将验资存款账户直接转为基本存款账户，企业应提供以下相关资料：

（1）开户证明。即验资时，由银行支行出具的验资用"银行询证函"或"存款证明"等文件。

（2）企业的营业执照正本原件及复印件。

（3）法定代表人身份证原件及复印件。

（4）一套企业的印鉴卡（一式三份，由银行提供）。预留的印鉴可以是公章（或财务专用章）加上私章（或签名）。私章主要是企业法定代表人的章或出纳人员的章。

（5）开立单位银行结算账户的申请书（一式三份，需加盖企业公章、法人签名）。

（6）法人（或负责人）授权委托证明书一份、代理人身份证复印件等。

（7）银行需提供的其他资料。

8. 办理税种核定和申请领购发票

（1）法定代表人和财务人员到税务专管员处报到，根据企业实际经营范围办理税种核定，即确定企业是一般纳税人还是小规模纳税人。

（2）从事服务行业的申请服务业统一发票，从事商业批发零售的申请商业统一发票。营改增试点地区一般纳税人从事增值税应税行为（提供货物运输服务的除外）统一使用增值税专用发票和增值税普通发票。试点地区小规模纳税人从事增值税应税行为统一使用普通发票。

（3）从事特种行业的需要申请专用发票。如：广告行业申请广告业专用发票，从事运输行业的申请货物运输统一发票等。

（4）公司自领取税务登记证的次月1~15日须进行纳税申报，领取报表正常申报并缴纳税款。

企业基本税费

根据中国税法的规定,所有企业都要依法报税纳税,主要税种如下:

1. 印花税:印花税是对经济活动和经济交往中书立、领受具有法律效力的凭证的行为所征收的一种税,因采用在应税凭证上粘贴印花税票作为完税标志而得名。其税率从0.3%到0.5%不等。

2. 房产税:只要是经营用房屋都要缴纳房产税,用自家的房子做生意也要缴纳房产税。房产税有"房产原值×70%×1.2%"和"租金×12%"两种。

3. 增值税:增值税税率就是增值税税额占货物或应税劳务销售额的比率,是计算货物或应税劳务增值税税额的尺度。我国现行增值税属于比例税率,根据应税行为一共分为13%、9%、6%三档税率及5%、3%两档征收率。

4. 企业所得税:只有公司才需要缴纳企业所得税。个体工商户、个人独资企业和合伙企业不需要缴纳企业所得税。现行企业所得税税率是25%。

5. 城市维护建设税:以实际缴纳的增值税、消费税、营业税为基础按照法定比例缴纳,市区7%、县城和镇5%、其他地区1%。

6. 城镇土地使用税:按实际占用的土地面积缴纳(各地规定不一)。

7. 车船税:在我国境内拥有并使用车船的单位和个人都要缴纳车船税。车船税各地规定不一,不同车型税额不同。

8. 发放工资代扣代缴个人所得税。

9. 教育费附加:以实际缴纳的增值税、消费税、营业税为基础按照3%缴纳。

10. 防洪堤围费:按计征营业税的应纳税营业(销售)额×适用征收率缴纳。

11. 文化事业建设费:针对营改增的广告业、娱乐业纳税人征收,按申报增值税收入额×3%缴纳。

12. 地方教育费附加:按缴纳的增值税的2%缴纳。

9. 进行社会保险登记

社会保险登记是社会保险费征缴的前提和基础,也是整个社会保险制度得以建立的基础。县级以上劳动保障行政部门的社会保险经办机构主管社会保险登记。

在进行社会保险登记环节,缴费单位申请办理社会保险登记时,应填报"社会保险登记表",并出示以下证件和材料:

（1）企业持《企业法人营业执照》（副本）；

（2）事业单位持《事业单位法人证》（副本）；

（3）社会团体持《社会团体法人登记证》（副本）；

（4）国家机关持单位行政介绍信；

（5）其他核准执业的证件。

10. 进行商标注册

商标注册，是指商标使用人将其使用的商标依照法律规定的条件和程序，向国家商标主管机关（国家知识产权局商标局）提出注册申请，经国家商标主管机关依法审查，准予注册登记的法律事实。商标通常由文字、图形、英文、数字的组合构成。商标注册的一般程序是：商标查询（2天内）→申请文件准备（3天内）→提交申请（2天内）→缴纳商标注册费用→商标形式审查（1个月）→下发商标受理通知书→商标实质审查（12个月）→商标公告（3个月）→颁发商标证书。

2022年3月1日，《中华人民共和国市场主体登记管理条例》正式实施，首次设立了市场主体歇业制度，明确因自然灾害、事故灾难、公共卫生事件、社会安全事件等原因造成经营困难的，市场主体可以自主决定在一定时期内歇业。法律、行政法规另有规定的除外。

歇业条件：

1．市场主体应当在歇业前与职工依法协商劳动关系处理等有关事项；

2．市场主体应当在歇业前向登记机关办理备案，登记机关通过国家企业信用信息公示系统向社会公示歇业期限、法律文书送达地址等信息。

歇业时限：

1．市场主体歇业的期限最长不得超过3年；

2．市场主体在歇业期间开展经营活动的，视为恢复营业，市场主体应当通过国家企业信用信息公示系统向社会公示。

市场主体歇业期间，可以以法律文书送达地址代替住所或者主要经营场所。

歇业制度是目前我国市场主体登记管理中较为突出的制度创新，是我国现有登记管理制度的丰富与补充，有利于中小企业持续经营，有利于社会经济稳定发展，有利于完善信用体系建设，也为有关部门出台相关帮扶政策措施提供了制度基础。

申领你的企业的营业执照

请和小组成员共同商议，并列出步骤，探讨如何给你的创业项目申办企业，并付诸行动，（模拟）登记领取你的企业的营业执照。

四、规划企业管理，实现企业成长

1. 确立企业的愿景、使命和核心价值观

企业愿景、使命和核心价值观是引领企业发展的灵魂，虽然无形，却渗透在企业发展的方方面面，是企业长期发展的方向、目标、目的和自我设定的社会责任与义务等，它描述了企业在未来社会里会是什么样子。

多数快速成长的企业都有比较固定的价值观体系，用以支持企业的健康发展。例如：联想集团的愿景是"未来的联想应该是高科技的联想、服务的联想、国际化的联想"；公司使命是"为客户利益而努力创新"；公司价值观是"成就客户——致力于客户的满意与成功；创业创新——追求速度和效率，专注于对客户和公司有影响的创新；精准求实——基于事实的决策与业务管理；诚信正直——建立信任与负责任的人际关系"。

对于初创企业而言，其企业价值观一般是创业团队，尤其是创业领导人自身价值取向的体现，这种价值取向直接而又深远地影响着企业成长和发展。有共同愿景、明确使命和核心价值观的企业，在成长过程中哪怕遇到挫折，创业团队也能够团结一致，患难与共，求新求变；相反，没有愿景、使命和核心价值观的企业，遭受挫折打击就会涣散、消沉，直至分崩离析。因此，在初创企业成长过程中，创业者必须适时地提出一套能够凝聚人心的愿景、使命和核心价值观，从而在成长中凝心聚力，形成强大的组织力量。

智慧高地

什么是对员工好，这是平衡计分卡模型给出的答案

对员工好，就是不但要关注员工的后置财务指标，更要关注员工的前置学习和成长指标。这是平衡计分卡模型给出的答案。

什么是后置财务指标？财务指标就是销售额、成本、利润等这些数据。这是很多老板最看重的指标，也是很多老板用来考核员工的指标。

从短期来说，这些指标决定了一家公司的生死。现金流断了，公司也就没了。但从长期来看，产品能力才是决定一家公司生死的重要指标。（注：这里所说的产品包含了消费者购买的商品或者服务。）

很多人把产品能力简单地等同于产品，两者是两个不同的概念。

如果我们把产品比喻成金蛋，那么产品能力就是那个能下金蛋的鹅，也就是你的员工、你的产品研发团队。

那什么是你的公司的核心竞争力？是产品？不是的。产品，从来不是一家公司的核心竞争力。你有一只鹅，每天下一只金蛋。那么，你的鹅每天下的这只金蛋，是核心竞争力吗？当然不是。金蛋从来不是核心竞争力，那只鹅才是。下蛋，是鹅的工作；养鹅，是公司的工作。那么如何养鹅？如何让鹅更好地产蛋？也就是如何让你的产品团队能生产出更好的产品？你给鹅下财务指标吗，让鹅们从每天下一只蛋，改成下两只，或者必须下双黄蛋，这样你才能赚更多钱？不是的，这是杀鹅取卵。你更应该去关注这些鹅的状态。他们是否有足够的时间学习，你是否给了他们足够的脱产培训。只有这些鹅通过不断学习，能够不断成长，他们才能生产出更好的产品。这才是你的公司能够持续赚钱的核心。

很多人把培养员工、培训员工当作福利，不是的，这是你必须要做的。而且，一个员工每年进行了多少小时系统学习、培训也应该是这个员工的一个重要指标，和考核他的业绩、财务指标一样重要。学习和成长，不是员工的福利，是你的义务。

这就是平衡计分卡这个模型告诉我们的，你不但要看后置的财务指标，还要重点关注前置的员工学习成长这个指标。

当然客户是否满意，内部流程是否合理，也是你要关注的指标。这才是一个好的管理者。

好的管理，是平衡的艺术。

（微信公众号：刘润，《如何对员工好？奖金、学习与培养》，2020-09-30）

2. 管理好支撑企业持续成长的人力资源

人才是支撑企业成长的关键要素，是企业的核心资产。快速成长的初创企业的一个共同特点就是有强有力的人力资源管理。在某种意义上，技术可以模仿，商业模式可以模仿，唯有人才队伍无法模仿。快速成长的初创企业要打造一支优秀的人才队伍，其具体措施主要有以下几点：

（1）提供有竞争力的薪资待遇。初创企业要吸引优秀人才的加盟，所提供的薪酬待遇在人力资源市场上一定要有竞争力，同时在企业内部要有相对的公平性。这包括提供较好的工资收入和跟绩效挂钩的奖金，以及医疗保险、养老保险、工伤保险、失业保险、生育保险、住房公积金等"五险一金"，为员工解除后顾之忧。

（2）提供广阔的成长空间。员工的成长机会和成长空间包括晋升空间、学习与培训机会、持续的工作指导和工作支持、工作内容丰富化、管理技能的发展和提升等。不同的员工，其需要的成长机会是有差异的，要因人而异。

（3）实施经营成果分享计划。初创企业的薪酬水平，很难比得上大企业；更不利的是，初创企业有失败、被兼并和收购的危险，稳定性和安定感较差；事实上，初创企业的员工总是承担着公司的一部分经营风险，一旦企业倒闭，他们的生活也就没有了保障。所以，只有让员工分享企业的成功才是公平的办法。一些优秀的初创企业实施利润分享计划，通过员工持股、股票期权、虚拟股份制等方式让员工参与经营成果分享就是很好的办法。

（4）营造良好的工作环境。良好的工作环境不仅包括提供开展工作所需要的各种必要资源，如办公空间、办公设备等，更重要的是指营造良好的人文环境，如和谐的同事关系、顺畅的沟通渠道与沟通氛围、积极向上的企业文化等。

3. 注重资源整合和资源管理

由于初创企业的人力、财力、物力资源相对匮乏，仅仅通过自身的滚动发展往往速度缓慢，所以借助别人（包括合作伙伴、金融机构、政府部门、社会团体，甚至竞争对手）的力量来发展壮大自己便显得更加重要。快速成长的初创企业常采用的外部成长策略包括建立战略联盟、成立合资公司、兼并和收购、引入创业投资、IPO 上市融资等。

初创企业的成长是靠资源积累实现的，但如果积累的资源没有被企业有效利用，而是被企业中的个人（不管是创业者、高层管理人员，还是一般员工）占有，必将威胁企业的成长。这些未被有效利用的资源包括一般的财务资源、客户资源、固定资产和办公设备资源，还包括人力资源。例如，创业初期，有些员工在企业中担任重要的研发、市场或管理工作，掌握关键的技术诀窍，拥有较高的人力资本，却没有被企业重视和充分利用。当这些员工发现和识别创业机会，离开企业独立创业时，不仅会造成企业技术资源、客户资源的外流，往往还带走一批骨干员工，对企业危害极大。

企业成长的过程中，创造和积累的资源越来越多时，创业管理团队的关注重点就需要从创造、积累资源，转向管理、整合已经创造出来的资源；从注重"资源的开创"到注重"资源的有效开发利用"，并通过现有的资源创造出最大的价值增值。例如，IPO 虽然可以为企业募集大量的资金，迅速壮大企业的规模，提高企业知名度，增强市场影响力，但如果企业不能很好地利用所获得的资源，为投资者创造价值，最终还是会走向失败。

案例学习

如何逃离现金流濒临断裂的险境

公司成长的过程也是大量消耗现金的过程。现金对公司的发展至关重要，所以公司领导者必须每天关注现金流情况。这要求公司 CFO 或会计员每天早上汇报公司银行账户中的现金，同时简要解释过去 24 小时现金的流入流出情况，以及未来 24 小时的现金流入流出预测。网上银行可以让现金流管理更加容易。如果不关注每天的应收账款和应付账款，麻烦很快就会找上门。相比研究损益表，日常现金流报告可以让你更全面地了解自己公司的业务状况。

任何行业的形势均可能发生突变，因此建立强大的现金储备应该是第一要务。吉姆·柯林斯《选择成就卓越》（Great By Choice）一书中关键的一条经验是，最成功的公司之所以能渡过难关，是因为它们的现金资产比率和现金债务比率往往是竞争对手的 3~10 倍。

微软公司发展初期，比尔·盖茨认定，公司银行账户中的资金规模应该足够在没有收入的情况下让公司能够继续维持一年的运转。我在自己的公司也采取了类似的做法。

"9·11"事件之后，我的公司在一夜之间损失了一大笔收入。我请求 17 家最好的客户预先向我支付当年的相关款项，他们都表示同意。而作为回报，我在当年为他们提供一个固定不变的价格。要求客户预付款听起来有些疯狂，但成功的创业者之所以成功，正是因为他们愿意提出其他人不会提出的要求。

收到 17 位客户预先支付的款项后，我将足以承担公司全年开支的现金存入银行，一直保持至今，这样我便可以更加安心。没有什么能比现金不足能更快地让一名创业者变得苍老。

此外，我还密切关注公司产品的价格。当意识到定价后，我们把价格提高了 25%，公司的毛利润由此增加了 13 个百分点。提高价格可以抵消为 17 家客户提供折扣的成本。价格上涨并没有让客户望而却步，而更健康的毛利润也推动了公司的发展。当然，如果你要提高价格，前提是必须尽职尽责，为客户提供他们不可或缺的产品或服务。

（Verne Harnish，财富，http://www.fortunechina.com/management/c/2013-12/25/content_188759.htm）

 学习计划

4. 用成长的方式解决成长过程中的问题

每个企业在成长过程中都会遇到各种各样的问题和障碍，有的企业在阻碍面前止步不前，甚至一蹶不振；有的企业则将阻碍变成动力，适时变革、积极应对，实现了新的成长。优秀企业和平庸企业的重要区别之一，就在于其对待阻碍所采取的对策。平庸企业通常采取的是被动应对，用"救火式"的方法来应对发生的各种问题，结果只是问题的暂时解决；优秀企业则积极主动地推动变革和创新，用成长的方式解决成长过程中遇到的问题。

用成长的方式解决成长过程中出现的问题，其本质是推动并领导变革与创新。从快速成长的初始企业的经验看，往往在以下几个方面表现突出：

（1）在成长阶段主动变革。主动变革意味着创业管理团队掌握变革的主动性和主导权，承受的变革成本较低，面临的变革阻力也较小。

（2）善于把握变革的切入点。企业变革不能一下子全面推开，需要科学地把握切入点，由点到面，层层深入。这不仅可以在短期内取得较好的效果，也能够增强对变革的控制性。

（3）善于通过系统的建设和制度的完善，来巩固变革成果。持续的创新与变革是初创企业成长的强大驱动力，也是初创企业快速成长的基本生存方式。但如果不注意管理，变革的动力会随着时间的推移而慢慢减弱，乃至消亡。许多初创企业之所以无法快速成长，甚至无法生存发展，其根本原因就在于创业者创业精神退化、不思进取、小富即安，从而使自己的企业变为"老小树"——多年过去，企业的业务和规模仍原地踏步，就像贫瘠荒坡上的一棵陈年小树，任时间推移，怎么也长不大，最后慢慢变老，直至枯朽。

对于追求成长的初创企业而言，创业管理团队务必要通过变革和创新精神的保持和发扬，源源不断地给企业成长注入创新与变革的基因，使其不因企业的成长而减弱，而是不断地迎接挑战，进行二次创业、三次创业，甚至多次创业。

案例学习

毁掉企业和员工的五大杀手

在动荡时代，应付外部问题已经很困难了，而人们和企业往往会因为自身的行动，让问题更加恶化。自我挫败行为可能会使情况雪上加霜，以下五种行为一定不能做：

1. 要求在越来越小的饼中分到较大的份额

在别人受苦时为自己谋利，就是自我挫败。例如，在失业率居高不下、消费者购买力下降时，企业却将商品价格提高，以确保销售下滑时仍能获利。2012年年初，麦当劳产品提价3%，导致第三季时便面临同店销售额9年来首次下降。结果负责该战略的高级主管被更换。

又如，某零售公司的一位经理人在经济衰退期间要求升官，因为他认为自己是"不可取代的"，结果CEO将其解雇。同时，这位CEO自降薪水以保障员工的收入。

2. 生气动怒

愤怒和责怪是徒然无益的情绪。在美国总统大选过后，落败的米特·罗姆尼（Mitt Romney）公开发表刻薄和侮蔑的言论，将败选归咎于替奥巴马总统"买下"年轻人、妇女、非洲裔和拉丁裔美国人选票的"礼物"。败选固然是一大挫败，但罗姆尼的言行使未来的选举希望进一步破灭。愤怒的言词会造成长尾效应。历史可能只记得他刻薄的言词，而不记得他优雅的败选声明。

愤怒也会危害企业，特别是不合时宜时。2010年4月，墨西哥湾石油平台发生悲剧性的爆炸事件，造成11人丧生。数年之后，英国石油公司（BP）因为空前的罚款和刑事罪名而重新成为新闻焦点，前CEO托尼·海沃德（Tony Hayward）发表尖刻的声明，指出这件事如何不公，造成自我挫败，并极大地破坏了公司在大众心中的形象。

3. 屈服于任务偏离

这种自我衰落迟早会发生，这是因为企业觉得自己持有的核心实力没有多特别，同时又觉得"别人家的草总是比较绿"。比如Google应该将企业版图扩展到装置制造商和通信网络供应商，建立光纤、移动网络，研发无人驾驶车吗？我预测这可能是任务偏离（Mission Creep）。或许Google应该把焦点集中在改进Google功能上。

本身拥有许多价值，却试着去做非本业的事情，可能会弄巧成拙。对专业人士而言，这可能表示涉足新领域，但在为自己打响名号的既有领域上却未能与时俱进，取得最新知识。这种人可能会卡在中间，进退维谷——在新领域中竞争还不成气候，在原有的领域中又丧失优势。

4. 一味扩张，不思精简

自我挫败的一个相关形式是允许自我膨胀。东西只进不出，会使衣橱凌乱不堪、官僚体系扩充、工作量失控暴增、国家预算陷入赤字、人们变得痴肥。每增加一个项目，就需删减或整合某些项目，这需要规则，而实际情况是公司往往缺少了该规则。

某科技公司未整合麾下企业就增加收购数量，造成17个研发团队相互冲突，研发水平也在业界敬陪末座，破产接踵而至。栽植花园需要修剪，经营企业若是一味扩张，不思精简，只会造成损害。

5. 以为自己会侥幸得手

不论是做错什么事，包括欺诈、境外腐败行为，在数字化时代都瞒不了一世。这些过失会在某处出现，也许是在例行审查中、不相关的调查中、陌生人拍摄的手机照片中。有太多原本很聪明的政界人士、军事将领和CEO因未能好好思考，最终危害企业、国家和职涯。

幸好，自我挫败行为有一个治疗方法，那就是克服自己。

谦逊可以预防自我挫败，而服务他人的意愿、强调价值和目的、对长期结果的责任感，以及对优缺点的了解，可以让人更容易避免这些陷阱。

（罗莎贝斯·莫斯·坎特，《哈佛商业评论》，
http://www.wabei.cn/news/201311/1080179.html）

选择校园内或学校附近的一个初创企业进行访谈调查,了解该企业的成长过程和创业管理团队是如何进行成长管理的。同时根据所学的理论知识,为该企业下一步的成长发展提供相关对策及建议,并反馈给受访企业。

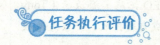

任务执行评价见表10-5。

表10-5 任务执行评价

序号	评价维度	评价内容	所占分值/%	自我评价（30%）	小组评价（20%）	教师评价（50%）
1	任务完成情况	学习自觉性高,积极主动,一丝不苟。遵守时间,能在规定时间内完成并上交	10			
2	任务呈现形式	如实记录,表达准确,条理清晰,内容丰富,图文并茂,有一定的创新力	20			
3	行动工具的运用	正确使用行动工具,作业步骤清晰,能够举一反三、融会贯通	25			
4	任务成果的达成	思想上积极上进,有强烈的求知欲和进取心,能够立足专业、提升技能、夯实基础,综合素养得到全面提升	25			
5	学习小组合作情况	团队目标明确,沟通顺畅,有团队协作精神,有领导组织能力	20			
		小计				
		合计				

项目八　称银子

【项目导读】

商场如战场，三军未动，粮草先行。虽然通过之前的课程，我们已经谋划好了创业项目未来发展的雄伟蓝图，但是我们还不能马上将它付诸行动。因为在此之前，我们必须先要预算并筹备创业项目从启动到实现盈亏平衡期间所需要投入的"粮草"——资金。

当然，盈亏平衡并不是创业者的最终目标。创业者应该明白，无论创立什么样的企业，账面收支持平越早越好。一个项目有收入了，说明产品有市场价值；一个企业盈亏持平了，说明它有盈利潜力。只有具有盈利能力的公司，才是真正有价值的公司，创业者才有信心扩大规模、进一步发展。

今日资讯

任务 11
制订你的利润计划

● 【任务关键词】

计划

● 【行动工具包】

发现问题的鱼骨图。

● 【任务成果箱】

提升财务素养,树立创业资金管理和掌控意识。

● 【知识目标】

(1)掌握与创业项目相关的投资资金、流动资金、成本、价格、收入、利润等概念;
(2)通过行动工具"发现问题的鱼骨图"系统地了解创业项目的财务脉络,领悟创业资金的积累、合理分配及巧妙运用的重要性。

● 【能力目标】

(1)掌握启动资金的具体测算方法,并正确测算;
(2)掌握利润预测的具体步骤,并正确预测;
(3)掌握现金流量计划表的具体填写,并正确填写。

● 【素质目标】

(1)树立财务规划与管理意识;
(2)形成"利润既是挣出来的,也是省出来的"的理财观念。

步骤一、创业经营中的财务概念

——掌握与创业项目相关的投资资金、流动资金、成本、价格、收入、利润等概念。

 学习计划

一、与创业项目启动相关的资金概念

资金是项目运转的保证。创业项目在立项和运营的过程中，需要资金来购买相应的物资和支付一些必要费用，这些为启动项目并使其正常运转需要准备的所有资金就是我们的启动资金。

一般情况下，启动并运营创业项目必须购买的物资和必要的其他开支主要包括：场地费（租赁或购买生产经营场所的费用、场地装修费用）；项目筹备期间的各项费用（市场调查费、咨询费、培训费、差旅费等）；工资；招待费；办公家具和设备；交通工具；加盟费；专利权使用费；水电费；保险费；广告促销费；机器；原材料；商品库存。

按照这些支出费用的用途，我们将启动资金分为投资资金和流动资金两大类。

1. 投资资金

投资指的是特定经济主体为了在未来可预见的时期内获得收益或资金增值，在一定时期内向一定领域投放足够数额的资金或实物的货币等价物的经济行为。创业项目的投资一般可分为固定资产、无形资产、开办费和其他投资4类。

（1）固定资产。固定资产是指为生产产品、提供劳务、出租或者经营管理而持有的，使用时间超过12个月的，价值达到一定标准的非货币性资产，包括房屋、建筑物、机器、机械、运输工具以及其他与生产经营活动有关的设备、器具、工具等。

（2）无形资产。无形资产是指没有实物形态的可辨认非货币性资产。无形资产具有广义和狭义之分。广义的无形资产包括货币资金、金融资产、长期股权投资、专利权、商标权等，它们没有物质实体，而是表现为某种法定权利或技术。但是，会计上通常将无形资产作狭义的理解，即将专利权、商标权等称为无形资产。

（3）开办费。开办费也叫组建成本，是指为设立公司、企业而发生的成本，包括法律费用、发起人费用以及取得执照的费用。公司会把这些成本借记到一个名为开办费的费用类账户，并且要在这些成本发生时将其确认为费用，因为我们很难确定这些费用什么时候会给公司带来收益，以及它们未来能给公司带来多少收益。

（4）其他投资。除上述投资外，项目还可能发生一次性装修费用、转让费等支出。

启动创业项目，必须要准备以上这些投资资金，而这些投资资金要等项目运营产生利润后才能逐步回收。

2. 流动资金

流动资金是为维持日常运转和正常生产经营活动，用于购买劳动对象（原材料、辅助材料等），支付员工工资、租金、销售费用以及管理费用等的周转资金。由于业务经营范围以及生产运营周期等的不同，不同的创业项目所需的流动资金是不一样的。必须根据自己项目的业务特点以及生产运营周期等实际情况，预算需要预备多少流动资金才能支撑到获得营业收入。一般来说，创业初期的销售不是很乐观，因此流动资金要计划得更宽裕一些。

以下是一些比较常见的、需要预备流动资金来支付的费用。

（1）购买并储备存货的费用。存货是为生产或销售耗用而储备的各种货物，主要有原材料、辅助材料、燃料、低值易耗品、修理用备件、包装物、半成品和产成品等。无论是制造型、贸易型还是服务型创业项目，在获得营业收入之前，都需要储备一些供生产、销售或提供服务用的库存。必须预测生产、销售或服务需要多少材料库存，然后计算在获得营业收入之前需要多少用于购买存货的流动资金。

（2）促销费。在实现产品或服务的销售之前，往往需要对自己的产品或服务进行促销，而组织促销活动是需要流动资金的。

（3）工资。工资包括从开始雇用员工到项目达到收支平衡之前的员工工资支出，加上以工资方式支付自己家庭的生活费用等，这些也是需要准备的流动资金。

（4）租金。如果是购买房屋作为经营场所，那么不需支付租金，购买房屋的支出属于投资范畴。但是如果选择采取租赁经营场所的方式，那么就必须要预算从经营场所租赁起始日到项目达到收支平衡之前的租金总额。另外，考虑到很多时候租金是需要半年或一年一付的，可能需要为此准备的流动资金会更多。

（5）保险费。创业项目一开始运转，就要选择必要的保险并支付保险费用，这也需要从流动资金中支出。

（6）其他费用。在创业项目起步阶段，还要支付一些其他费用，如设计费、电费、办公用品费、交通费等。

二、与创业项目利润相关的财务概念

利润是创业项目得以生存与可持续发展的根本，怎样赚取利润对项目的成败至关重要。在学习如何制订利润计划之前，先来学习以下几个直接决定项目利润的重要概念。

1. 经营成本

成本是制订销售价格的基础，也是制订销售价格的下线。正常情况下，产品或服务的单位销售价格必须高于单位成本，否则创业者不但赚取不到利润，甚至还会亏损。根据成本与生产或销售的变动关系，可以把项目经营的所有成本分为两大类：一类是在一定范围内会随着生产或销售的变动而变动的成本，如材料成本等，此类成本叫作可变成本；另一类则是在一定时间和业务量范围内固定不变的成本，如房租、保险费等，这类成本叫作固定成本。表11-1所列的是企业常见的成本项目。

表11-1 企业常见的成本项目

原材料成本	咨询费	保险费
人工成本	维修费	电话费
水、电、气费	贷款利息	差旅费
广告费	租金	房屋装修费
折旧费	办公文具和邮费	各种手续费

 心得记录

课堂互动

请你想想,表11-1中的成本项目哪些属于固定成本,哪些属于变动成本?

2. 销售价格

销售价格制订一般有成本加成定价法、需求导向定价法和竞争参照定价法3种方法。

(1)成本加成定价法。成本加成定价法就是将制作产品或提供服务的全部费用加起来,然后平均到单位产品或服务上,得出单位产品总成本,再在这个单位产品总成本的基础上加上目标利润百分比得出的结果,就是销售价格,其计算公式为:

$$单位产品价格=单位产品成本×(1+目标利润百分比)$$

(2)需求导向定价法。需求导向定价法是指根据市场需求状况和消费者对产品的感觉差异来确定价格的定价方法。需求导向定价法分为理解价值定价法、需求差异定价法、反向定价法。

(3)竞争参照定价法。竞争参照定价法是在成本之外,将客户的购买意愿列入制定销售价格必须考虑的因素,因为客户的购买意愿是制定销售价格的上限。衡量客户购买意愿最简单又直接的办法就是以竞争对手的销售价格作为参照。

创业者需要对竞争对手的价格保持密切关注,以对手的价格作为自己产品定价的主要依据,制定一个与本项目的产品或服务竞争力相匹配的价格。

在使用竞争参照定价法时,必须要了解当地同类商品或服务的市场行情,以保证定价具有竞争力。无论定价比竞争对手高还是低,前提是必须保证自己能更好地满足客户的需求。

3. 营业收入

营业收入也称销售收入,是企业通过销售产品或提供劳务所获得的货币收入和应收款项,按比重和业务的主次及经常性情况,一般可分为主营业务收入和其他业务收入。成本是制定价格的基础,价格是预测收入的基础。营业收入的计算公式为:

$$营业收入=销售价格×销售量$$

检查归纳

根据营业收入公式,创业项目的营业收入预测公式为:

营业收入预测＝销售价格 × 销售量预测

4. 利润

利润是指企业在一定会计期间的经营成果,是收入扣除成本及费用和税金后的余额。它是衡量企业优劣的一个重要标志,也是投资者等财务报告使用者进行决策时的重要参考。利润按其构成的不同层次,可划分为营业利润、利润总额和净利润,其计算公式为:

营业利润＝营业收入 – 营业成本 – 期间费用 – 主营业务税金及附加

利润总额＝营业利润＋投资收益＋营业外收入 – 营业外支出＋以前年度损益调整

净利润＝利润总额 – 所得税费用

一把火烧光 1 400 万元,他用了一年挣回来,把生意做到全球

2014 年的一场大火,孟少伟宣布将公司全部的精力,都投入阿里国际站,"以后就做养蜂机具出口了"。

孟少伟试图从这场大火中寻找新的契机。他抵押了自己的房子,贷了款,合伙人与几个家境殷实的员工都增加了投资。这些钱,他们除了用来合作新供应商,大部分花在了营销上。

2014 年剩下的 7 个月,孟少伟都在带着外国客户看供应商的工厂,不断谈业务。他脑子里只有一件事,就是获得询盘,顺利成交。这年年底,他在国际站上的销售额,超过了 1 600 万元。

2016 年开始,孟少伟不再隔着屏幕交易,他开始满世界拜访客户。孟少伟发现,第三世界国家的人民将养蜂视为谋生、甚至是脱贫手段,但到了发达国家人民那里,就变成了休闲娱乐项目。

澳大利亚一个客户一口气从他的国际站店铺,下单了 6 万多美金的养蜂工具,"都是高端货,装载机、高柜等,一套齐全"。孟少伟一度觉得,他应该是个经销商。到了客户家里,孟少伟才发现,实际上,这位客户只养了 4 箱蜜蜂。他的主业是修房顶,拥有自己的游艇,经常去深海区抓龙虾。养蜂,只是他的兴趣之一。

出国拜访,给孟少伟带来了不小的冲击。回国后,孟少伟就开始改革,针对普通消费者,推出"养蜂入门套餐",涵盖基础的养蜂设备,例如刮刀、取蜜设备,养蜂喷烟器,甚至推出了养蜂防护服。因为,普通人刚开始学习养蜂,必须穿上防护服,否则会被蜜蜂蜇。一套养蜂设备的终端零售额,售价 500 美金左右,对很多把养蜂视作爱好的人来说,这笔入门费用不算高。

在自家房顶、阳台养蜂的行为，被称为"休闲养蜂"。这些年，国外"休闲养蜂"已经成了流行趋势。"就像钓鱼一样，外国人同样将养蜂作为爱好。"小茜嫁到瑞士后，和婆婆在自家后花园置办了一套蜂箱，婆婆还专门上了培训班，买专业书籍，办了养蜂执照。最近，她们家的蜂群，一次性产了 15 斤蜂蜜，把婆婆高兴坏了。这些蜂蜜，婆婆用来做了甜品、蛋糕和蜡烛。

几个月前，足球明星贝克汉姆在社交平台上发了他家蜜蜂的照片（见图 11-1），他夫人调侃他，每天都沉醉在自家的蜂箱间（见图 11-2）。

图 11-1　大卫·贝克汉姆的脸书截图

图 11-2　维多利亚·贝克汉姆的脸书截图

调转船头做外贸，对孟少伟来说，不仅是目标市场的转变，更是产品的转变。所以，多年来，孟少伟一直很注重提升自己的硬实力。2015 年，新的工厂在废墟上重建，比旧厂的规模更大。之后，他又整合了两座工厂，建了自己的物流园，组建了专业的电商团队。2021 年，孟少伟的出口额达 6 000 万元。

（微信公众号：金错刀，2022-08-24）

步骤二、创业项目财务预算为什么重要

一、销售收入预测及意义

预测销售收入是全面预测的起点，大部分财务数据与销售收入有内在联系。例如，预测销售收入是制订"销售和成本计划""现金流量计划"的前提数据。

今日资讯

销售收入预测是创业项目制定和实施价格策略、选择销售渠道和销售促进策略的依据之一。可靠的销售额预测能够帮助管理者发现影响客户和团队的重要因素，从而改进和提升盈利能力；也能帮助管理者建立有效的员工日程安排。销售收入预测也是管理者合理安排仓储与运输的主要依据之一。

二、成本费用预测及意义

成本费用预测是根据历史成本资料和影响成本的各种技术经济因素，结合创业项目的发展目标，采用科学的方法，对一定时期、一定产品或某一项目方案的成本费用水平及发展趋势进行预计和测算。成本费用预测是加强企业成本管理的首要环节，是进行成本决策和编制成本计划的基础，是降低成本费用、提高企业经济效益的重要措施和增强企业竞争力的主要手段。

三、利润预测及意义

利润不仅反映了项目在一定时期内的生产经营成果，也是衡量和考虑项目经济效益和业绩的重要依据。利润预测是对项目未来（计划期）可实现的利润进行的预见。

利润预测在经营活动中的地位至关重要，也是反映多种财务要素的综合性指标。每个创业者都应对利润进行有效管理。如果没有利润，项目难以生存下去，更谈不上扩大生产规模和发展生产水平。搞好利润预测，对经营管理者的规划、决策工作具有重要意义。

利润预测是在销售预测、成本预测的基础上，通过对产量、价格、成本的预测数据进行综合分析，反映利润在未来时期的状况。利润预测分析主要有两方面：其一是确定目标利润，这是利润预测的中心任务；其二是反映各因素的变动对目标利润变动的影响，即利润变动因素敏感性分析。

创业者设定目标利润，就是在未来一段时间内，经过努力要达到的项目最优化利润目标，它是项目未来经营必须考虑的重要战略目标之一。目标利润应该反映项目未来可以实现的最佳利润水平，既先进又合理；并且目标利润确定后，应保持相对稳定，不能随意更改，并应及时组织落实为实现目标利润在产量、成本、价格等方面必须达到的各项目标和有关措施，并以此作为编制全面预算的基础。

"钱是挣出来的，也是省出来的"：杜绝8种浪费，
利润马上来

学会省钱，杜绝浪费，是企业日常经营的必修课。

管理学名师汪中求先生在《浪费的都是利润》一书中写道：

"在当前这个微利时代，企业往往会因为生产成本膨胀和生产价格过高而导致企业竞争力下降，从而使得企业的利润空间进一步下降。而对企业来说，造成生产成本膨胀和生产价格过高的一个主要因素就是浪费，往往是10%的浪费能够引起100%的利润损失。换句话说，如果一个企业能够杜绝10%的浪费，那么这个企业将会增加100%的利润。"

世界著名企业管理学大师彼得·德鲁克，也曾说过这样一句名言："企业家只需要做对两件事情就可以让自己获取成功，第一件事情是营销，第二件事情是有效地削减企业的生产经营成本。只要做好这两件事情，其他的事情都不用去做就会取得成功。"

因此，杜绝浪费，降低成本，可以让企业的利润空间大大地提升。尤其是在当下，后疫情时代，经济进入寒冬，企业利润进一步压缩，杜绝浪费、降低成本就显得尤为重要。

在企业日常经营中，哪些属于浪费？

丰田生产管理之父大野耐一认为："所谓浪费就是那些只能使成本提高的诸要素，也就是只消费资源而不产生价值的活动。"

汪中求先生从丰田精细化管理的角度，也提出了浪费的七种可能性：等待的浪费、搬运的浪费、不良品的浪费、动作的浪费、加工的浪费、库存的浪费、制造过多或过早的浪费。

杜绝浪费，企业管理者可以从以下这8个方面入手：

1. 砍预算

砍预算不是说砍就砍，首先要设立预算制度，要有法律效应。当预算被逼出来之后，利润也就随之而来了。

2. 砍部门

砍部门是给企业做一次全面的瘦身运动，通过"我能为企业创造多少利润，我能为客户做什么"的大讨论，引入"利润导向，客户导向"的理念。按照客户导向和利润导向的原则，通过学习和研讨，设计新的业务流程和利益机制。

3. 砍人手

砍人手，就是要做到"10-1＞10"的效果。所以，首先每位员工都要配把刀，要有明确的目标；其次要有可以量化的数据；再次要具有挑战精神；最后要合理，不能脱离实际。

4. 砍库存

砍库存，首先要设立最低库存标准，最好的是零库存。降低库存的细则：直接送到生产线；循环取货；与供应商保持信息沟通；通过

心得记录

与供应商建立良好关系,确保优先送货;转移库存。

5. 砍采购成本

企业降低采购成本,可以通过竞标的方式来确定供应商。通过信用情况、品质保证、价格、费用、时间、服务情况等综合考虑选择供应商,让采购员与供应商保持对立,同时保证供应商也是我们的"共赢"商。

6. 砍劣质客户

美国著名企业管理咨询专家鲍勃·菲费尔曾说过:"无限度地满足客户,你就会破产。"对劣质客户、欠款客户要坚决封杀;但是,对于守信客户,我们一定要注意服务质量和产品质量。

7. 砍日常开支

细心的企业管理者会发现,在企业的日常经营中,浪费无处不在。企业管理者可以从以下几个方面减少日常开支浪费:砍电话费、砍小车费、砍办公设备费、砍不必要的差旅费和招待费。

8. 砍会议

最大的浪费,就是时间成本的浪费。企业管理者应该管理好时间,提高会议效率。会议重在解决问题,而不是讨论问题。

"历览前贤国与家,成由勤俭败由奢。"节俭风尚是我们的传统美德。企业管理者要明白,钱不仅是挣来的,还是省出来的,浪费的都是利润。企业想要突破困境、闯出一片生机,杜绝浪费,就显得尤为重要。

(刘海诚,知乎,https://zhuanlan.zhihu.com/p/145574954,2020-06-03)

四、现金流量预测及意义

现金流量指的是企业在一定会计期间按照现金收付实现制,通过一定经济活动而产生的现金和现金等价物的流入和流出的数量。企业的现金来源是多方面的,一般现金流入项目主要有销售商品、提供劳务、出售固定资产、收回投资、借入资金等;现金流出项目主要有购买商品、接受劳务、购建固定资产、现金投资、偿还债务等。

现金流管理,是企业财务管理中很重要的环节。现金流是动态的,好比企业的血液。有流入的现金流,也有流出的现金流,一旦流入的现金流少于流出的现金流,企业就会遭到现金流危机。很多企业破产倒闭,并不是因为盈利能力出问题了,而是因为资金链出问题了。没有充足的现金流应对企业日常开支,即使手上有好项目,也不得不放弃，严重情况下，企业甚至会难以运营，破产倒闭。

保证现金流不在于保证有多少存款储备，关键是需要用钱时能随时拿出来。对于现金流的管理，创业者要做到以下几点：

（1）做合理的资金计划表，长短期的都应该有。现金流出也会流入，量入为出才能发挥资金的最大效益。

（2）提高资产的变现能力。固定资产变现能力弱，创业初期少买多租，有闲钱买理财也要注意长短期结构，避免不必要的损失。

（3）信用也是钱，要多储备几个快速融资的渠道。最大化地利用个人信用、公司信用，在金融机构提升信用额度，越高越好，平时不用没有成本，随用随提方便快捷。

行动工具

发现问题的鱼骨图

鱼骨图是由日本管理大师石川馨发明出来的一种发现问题"根本原因"的方法，也被称为因果分析图或石川图。因其形状如鱼骨，所以又叫鱼骨图。

鱼头代表目标、需要解决的问题等特性值，鱼骨代表达成目标或问题的成因、解决办法等过程的所有步骤与影响因素。一张专业鱼骨图，不仅有利于帮助我们梳理思路、集思广益，也让我们更好地找到问题的原因，关注到问题的本质。

一、鱼骨图的3种类型

1. 整理问题型鱼骨图。各要素与特性值间不存在原因关系，而是结构构成关系（见图11-3）。

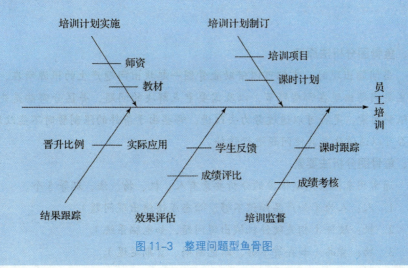

图11-3 整理问题型鱼骨图

2. 原因型鱼骨图。鱼头在右，特性值通常以"为什么"的表述描写（见图11-4）。

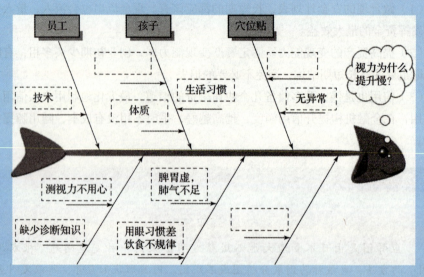

图11-4 原因型鱼骨图

3. 对策型鱼骨图。鱼头在左，特性值通常以"如何解决"的表述描写（见图11-5）。

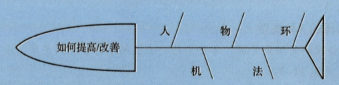

图11-5 对策型鱼骨图

二、鱼骨图分析法原理

当问题出现时，我们可以借助鱼骨图一起找出问题产生的根源所在，讨论主要问题出现在哪些环节，以及需要重点解决的问题，并区分哪些是先天的限制因素，是否可以通过努力去改进，哪些由于条件的限制暂时不能改进，是否可以通过改进其他问题进行弥补。

三、鱼骨图分析法要素

通常用来探索问题根源的分析要素有人、机、物、法、环等5个。

1. 人：人为（如产品知识不够、心态或情绪出现问题）。
2. 机：硬件（相关硬件机械出现问题，如电脑系统）。
3. 物：货品（如存货不够、断色断码、货期延迟）。

4. 法：方法（如促销安排、推销方法、陈列布置）。

5. 环：环境（如市场大环境、天气原因）。

当然，以上5大常用分析要素是帮助我们拓展思路的一种办法，并不是一成不变的，可以根据具体问题具体替换。

复盘评价

任务成果

作为一名创业者，首先要在创业项目的可行性分析上做好基础工作，财务预测、财务规划必不可少。请运用鱼骨图梳理你的创业项目，说说财务预测为什么重要，要如何做好财务预测（见图11-6）。

图11-6　创业项目财务预测鱼骨图

鱼骨图绘图过程：

1. 填写鱼头（用"为什么"或者"如何解决"方式描述）；
2. 画出主骨；
3. 画出大骨，填写大要因；
4. 画出中骨、小骨，填写中小要因；
5. 用特殊符号标识重要因素。

要点：绘图时，应使大骨与主骨成60°夹角，中骨、小骨与主骨平行。

步骤三、做好创业经营相关财务规划

——掌握启动资金的具体测算方法。

——掌握利润预测的具体步骤。

——掌握现金流量计划表的具体填写。

一、预测启动资金

请各项目小组根据你的项目需求,列举项目启动和运营必须购买的物资和必要的其他开支。请按照"投资资金"和"流动资金"两大类进行分列。各项目小组之间可以进行交流和探讨,并完善自己的启动资金规划(见图11-7和图11-8)。

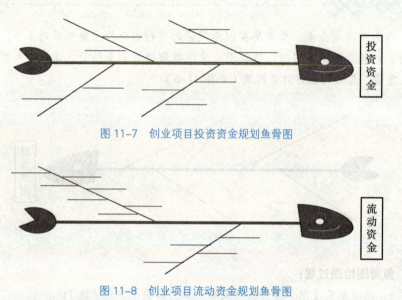

图 11-7　创业项目投资资金规划鱼骨图

图 11-8　创业项目流动资金规划鱼骨图

下面让我们一起来学习如何确定项目启动必须购买的物资和必要的其他开支,并测算出我们所需的启动资金。

1. 计算所需投资资金

(1)测算固定资产投资(见表11-2)。

表 11-2　固定资产测算表

项目	数量	单价/元	总价
合计			

(2)测算无形资产投资(见表11-3)。

表 11-3　无形资产测算表

项目	金额/元	备注
合计		

（3）测算开办费（见表 11-4）。

表 11-4　开办费测算表

项目	金额/元	备注
合计		

（4）测算其他投资（见表 11-5）。

表 11-5　其他投资测算表

项目	金额/元	备注
合计		

（5）汇总所需投资资金总额（见表 11-6）。

表 11-6　所需投资资金总额测算表

项目	金额/元	备注
固定资产		
无形资产		
开办费		
其他投资		
合计		

2. 计算所需流动资金

每个项目所持有的流动资金数量应该不少于"原材料采购投入—产出—销售—回款"一个完整的资金运转周期所发生的所有原材料（或商品）成本和包装费，以及其他经营费用的总金额。

每个项目的资金运转周期的时间长度，需要结合本项目所在的行业特点以及企业本身的实际情况来进行预测。

（1）测算原材料（或商品）成本和包装费（见表11-7）。

表11-7 原材料（或商品）成本和包装费测算表

项目	数量	单价/元	金额/元
合计			

（2）测算其他经营费用（见表11-8）。

表11-8 其他经营费用测算表

项目	金额/元	备注
工资和薪金		
租金		
办公用品购置费		
维修费		
水电费		
电话费		
合计		

（3）汇总所需流动资金总额（见表11-9）。

表11-9 所需流动资金总额测算表

项目	金额/元	备注
原材料（或商品）成本和包装费		
其他经营费用		
合计		

3. 汇总所需启动资金总额

启动资金总额公式为：

$$启动资金总额 = 投资资金总额 + 流动资金总额$$

所需启动资金总额测算表见表 11-10。

表 11-10　所需启动资金总额测算表

项目	金额/元	备注
投资资金总额		
流动资金总额		
合计		

4. 启动资金从哪里来

我们可以从哪里筹集到创业项目的启动资金呢？通常，可以尝试以下渠道：

（1）自己的积蓄；

（2）向亲朋好友借钱；

（3）从银行或其他金融机构贷款；

（4）从供应商处赊购；

（5）天使投资；

（6）风险投资；

（7）从政府部门获取资金支持。

筹集启动资金并非易事，需要有恒心与决心，创业者往往需要同时多渠道筹资。

二、预测利润

> **课堂互动**
>
> **李涛和他的砖厂**
>
> 李涛在市郊创办了一家砖厂，他向这个城市的建筑工地供砖，每块砖 0.85 元钱。他很担心，因为过去的几个月里他都没有赢利。他已经决定采取更加大胆的促销活动来增加他的销售。结果他的销售增加了，却赔了更多的钱。
>
> 请思考并回答以下问题：
>
> 李涛亏损的原因是什么？他应该怎么办？
>
> （SYB 培训，《创办你的企业》）

检查归纳

利润推导公式为：

$$销售收入 = 销售价格 \times 销售量$$
$$销售净收入 = 销售收入 - 增值税$$
$$净利润 = 销售净收入 - 经营成本 - 企业所得税$$

从上面的利润推导公式可以看到，要制订创业项目的利润计划，就要对利润进行预测。而预测利润，首先需要对销售价格和销售量进行预测。制订利润计划的过程，其实就是解决以下3个问题的过程。

（1）如何给自己的产品定价？
（2）卖出商品之后是赚了还是赔了？
（3）如何保证企业运转不因缺钱而搁浅？

第一个问题需要在单位产品成本和利润的基础上，计算出产品销售价格；第二个问题需要在预测销量、销售收入、经营成本以及相关税费的基础上，通过制作"销售与成本计划表"进行利润预测；第三个问题是利润计划得以顺利实施的关键所在，因为制订现金流量计划是确保创业项目发动运转有足够燃料的基础。

接下来，进入相关练习，更细致入理地分析创业项目。

1. 制定销售价格

前面我们提到，销售价格制定一般有成本加成定价法、需求导向定价法和竞争参照定价法3种。这里，重点学习成本加成定价法。

成本加成定价法计算公式为：

$$单位产品价格 = 单位产品成本 \times (1 + 目标利润百分比)$$

测算成本时，必须了解可变成本是怎样随着生产或销售的变化而变化的，而不变成本中还有一些是需要分摊的，如保险费、装修费等。

计算步骤如下：

第一步：罗列生产产品或提供服务的成本构成。表11-11罗列了一些项目经营中常见的成本项目，供大家参考。

表11-11 经营中常见的成本项目

材料费	工资和员工福利
包装费	租金
水、电、气费	促销、广告费
折旧和摊销	咨询费（律师和会计事务）
维修费	银行收费
宽带、电话通信费	办公文具和邮费
保险费	业务招待费
差旅费	营业执照费

> **课堂互动**
>
> 想想你的项目可能还有哪些成本费用？请在下面罗列出来。
>
> _____
>
> _____

第二步：计算折旧和摊销。

折旧是指固定资产在使用过程中，逐渐损耗而消失的那部分价值，应当在固定资产的有效使用年限内进行分摊，形成折旧费用，计入各期成本。如设备、工具和车辆等，虽然不是企业的现金支出，但仍然是一种成本。

根据我国现行税法，表 11-12 的折旧率适用于大多数初创项目。

表 11-12　我国现行税法固定资产折旧率

固定资产类型	每年折旧率/%
机动车辆	25
与生产经营活动有关的器具、工具、家具	20
机器、机械和其他生产设备	10
店铺	5
工厂建筑	5

> **课堂互动**
>
> 请你帮小王算算，他的固定资产月折旧额是多少（见表 11-13）。
>
> 表 11-13　小王的固定资产及月折旧测算
>
> | 固定资产名称 | 金额/万元 | 折旧年限/年 | 月折旧额/万元 |
> | --- | --- | --- | --- |
> | 生产设备 | 24 | 10 | |
> | 办公设备 | 6 | 5 | |
> | 小汽车 | 9.6 | 4 | |
> | 合计 | 39.6 | — | |

摊销是指除固定资产之外，其他可以长期使用的经营性资产按照其使用年限每年分摊购置成本的会计处理办法。常见的摊销项目如大型软件、土地使用权等无形资产和开办费，它们可以在较长时间内为公司业务和收入作出贡献，所以其购置成本也要分摊到各年才合理。

> **课堂互动**

请你帮小王算算,他的经营性资产月摊销额是多少(见表 11-14)。

表 11-14 小王的经营性资产及月摊销测算

项目名称	金额 / 元	分摊年限 / 年	月摊销额 / 元
技术转让费	12 000	5	
一次性广告费	2 400	1	
一次性网络费	600	1	
登记注册费	2 400	1	
合计	17 400	—	

第三步:计算单位产品或服务的成本。

我们可以先计算出 1 个月的总成本,再除以当月的产品数量,就能得出单位产品或服务的成本。计算公式为:

$$单位成本 = 当月总成本 \div 产量$$

> **课堂互动**

以 1 个月生产 580 件有岭南特色的彩瓷工艺品为例,请你帮小张算算,他的单位产品成本是多少(见表 11-15)。

表 11-15 小张的产品月成本

项目	金额 / 元
天然原材料	4 000
化工原材料	3 500
彩绘原料	1 400
燃料费	2 400
市场营销和促销	2 000
工资	4 000
折旧及开办费摊销	800
保险费	200
维修费	600
电费、电话费	480
月成本总计	19 380

计算:_____

第四步：计算单位产品或服务的销售价格。计算公式为：

不含增值税的单位销售价格 = 单位成本 ×（1+ 利润率）

含增值税的单位销售价格 = 不含增值税的单位销售价格 ×（1+ 增值税率）

 学习计划

> **课堂互动**
>
> 假设小张把自己的彩瓷工艺品利润率设定为32%，则他的彩瓷工艺品不含增值税的单位销售价格应为：
> _____
>
> 假设他的彩瓷工艺品增值税率为6%，则含增值税的单位销售价格应为：
> _____

采用成本加成定价法，确定一个合理的成本利润率是关键。而成本利润率的确定必须考虑市场环境、竞争程度、行业特点等因素。我们要严格核算产品的成本，保证定价高出成本。同时，还要随时观察竞争者的价格，以保证价格有竞争力。

2. 预测销售量

预测销售量可以采取以下步骤：

第一步：列出项目推出的所有产品或产品系列，或所有服务项目。

第二步：预测第一年里每个月期望销售的每项产品数量，它的依据来自所做的市场调查。

3. 预测销售收入

制定了产品价格，预测了销售量，接下来就可以进行销售收入预测了。预测销售收入可以采取以下步骤：

第一步：列出计划销售的每项产品的价格。

第二步：用"销售价格 × 销售量"计算每项产品的月销售收入。

第三步：进行各项产品的月销售收入加总。

> **课堂互动**
>
> 请对你的创业项目销售收入进行预测，并填写销售收入预测表（见表11-16）。

表 11-16　销售收入预测表

产品	月份												合计
	1	2	3	4	5	6	7	8	9	10	11	12	
产品1 销售数量/个													

心得记录

续表

产品		月份												合计
		1	2	3	4	5	6	7	8	9	10	11	12	
产品1	平均单价/元													
	销售额/元													
产品2	销售数量/个													
	平均单价/元													
	销售额/元													
产品3	销售数量/个													
	平均单价/元													
	销售额/元													
合计														

4. 预测经营成本

制订利润计划，除了需要预测销售收入，还要了解经营成本以及需要缴纳的税费。对于一家筹备中的企业来说，预测经营成本是一件比较困难的事情，最好的办法就是参照一家已经运营的同类型企业，了解一下该企业的成本构成。在前面的内容，我们已经对这些成本有所了解。

5. 制订利润计划

在明确了销售收入、经营成本以及税费后，就可以制作销售与成本计划表，并进行利润预测了。

> **课堂互动**
>
> 请各项目小组根据自己的项目情况，填写销售与成本计划表（见表11-17），制订你的利润计划。

表 11-17 销售与成本计划表

项目		1月	2月	3月	4月	5月	6月	7月	8月	9月	10月	11月	12月	合计
销售	含税销售收入													
	增值税													
	销售净收入													
成本	原材料和包装费													
	工资和薪金													
	租金													
	办公用品购置费													
	维修费													
	水电费													
	电话费													
	成本合计													
利润														
企业所得税														
其他														
净利润														

三、制订现金流量计划

检查归纳

现金流量管理中的现金，不是我们通常所理解的手持现金，而是指企业的现金、银行存款和其他货币资金，还包括现金等价物（即企业持有的期限短、流动性强、容易转换为已知金额现金，价值变动风险很小的投资）。

一般地，企业的现金流入项目主要有销售商品、提供劳务、出售固定资产、收回投资、借入资金等；企业的现金流出项目主要有购买商品、接受劳务、购建固定资产、现金投资、偿还债务等。

现金流量按其来源性质不同分为3类：经营活动产生的现金流量、投资活动产生的现金流量和筹资活动产生的现金流量。

现金流量计划表由期初现金、现金流入、现金流出以及期末现金四大部分组成，见表11-18。

表11-18 现金流量计划表

	项目	1月	2月	3月	4月	5月	6月	7月	8月	9月	10月	11月	12月	合计
	期初现金（A）													
现金流入	现金销售收入													
	赊账收入													
	贷款													
	企业主（股东）投入													
	现金流入合计（B）													
现金流出	原材料													
	工资和薪金													
	租金													
	办公用品购置费													
	维修费													
	水电费													
	电话费													
	税金													

续表

	项目	1月	2月	3月	4月	5月	6月	7月	8月	9月	10月	11月	12月	合计
现金流出	贷款本息													
	投资（固定资产）													
	投资（开办费）													
	现金流出合计（C）													
期末现金（A+B-C）														

如果说现金流量是一个经营项目发动运转的燃料，那么现金流量计划表就是一份可视化的燃料表，它可以帮助预测项目所需要的资金，是确保项目生存与发展、提高市场竞争力的重要保障。但是，制订现金流量计划绝非易事，下列原因会为制订现金流量计划带来困难：

困难一：赊销——就是先把产品或服务提供给客户，通常需要几个月甚至更长的时间才能收回现金。

困难二：赊购——就是先从供应商那里拿到货，以后再付现金，这对新创项目不太常见。

困难三：设备折旧等非现金因素必须充分考虑。

任务执行评价见表11-19。

表11-19 任务执行评价

序号	评价维度	评价内容	所占分值/%	自我评价（30%）	小组评价（20%）	教师评价（50%）
1	任务完成情况	学习自觉性高，积极主动，一丝不苟。遵守时间，能在规定时间内完成并上交	10			
2	任务呈现形式	如实记录，表达准确，条理清晰，内容丰富，图文并茂，有一定的创新力	20			
3	行动工具的运用	正确使用行动工具，作业步骤清晰，能够举一反三、融会贯通	25			

项目八 称银子

续表

序号	评价维度	评价内容	所占分值/%	自我评价（30%）	小组评价（20%）	教师评价（50%）
4	任务成果的达成	思想上积极上进，有强烈的求知欲和进取心，能够立足专业、提升技能、夯实基础，综合素养得到全面提升	25			
5	学习小组合作情况	团队目标明确，沟通顺畅，有团队协作精神，有领导组织能力	20			
		小计				
		合计				

 今日资讯

活页教材

经过项目一至项目八的学习和实践，你对"创业"有了更丰富的定义和理解，也对自己的创业项目有了较清晰的构思。

扫下面二维码进入活页教材，开始你的创业实操吧。

创业实操

今日资讯

参考文献

[1] 百度百科. 经济周期 [EB/OL]. https://baike. baidu. com/item/%E7%BB%8F%E6%B5%8E%E5%91%A8%E6%9C%9F/3489486? fr=aladdin.

[2] 吴晓波. 大败局 [M]. 杭州：浙江人民出版社，2001.

[3] 秋叶. 不要等到毕业以后 [M]. 北京：中信出版社，2020.

[4] 斯科特·扬. 如何高效学习 [M]. 北京：机械工业出版社，2013.

[5] 吴军. 吴军阅读与写作讲义 [M]. 北京：新星出版社，2021.

[6] 安德斯·艾利克森，罗伯特·普尔. 刻意练习 [M]. 北京：机械工业出版社，2016.

[7] 习近平. 在第十二届全国人民代表大会第一次会议上的讲话 [R]. 北京：人民出版社，2013.

[8] 习近平. 在同各界优秀青年代表座谈时的讲话 [EB/OL]. http://cpc. people. com. cn/n/2013/0505/c64094–21367227. html.

[9] 习近平. 在欧美同学会成立100周年庆祝大会上的讲话 [EB/OL]. http://cpc. people. com. cn/n/2013/1022/c64094–23281641. html.

[10] 习近平. 在中国科学院第十七次院士大会、中国工程院第十二次院士大会上的讲话 [EB/OL]. http://cpc. people. com. cn/n/2014/0609/c64094–25125270. html.

[11] 习近平. 在第二届世界互联网大会开幕式上的讲话 [EB/OL]. http://cpc. people. com. cn/n1/2015/1216/c64094–27937316. html.

[12] 习近平. 在省部级主要领导干部学习贯彻十八届五中全会精神专题研讨班上的讲话 [EB/OL]. http://www. xinhuanet. com/politics/2016-05/10/c_128972667. htm.

[13] 约瑟夫·熊彼特. 经济发展理论——对于利润、资本、信贷、利息和经济周期的考察 [M]. 北京：商务印务馆，2000.

[14] 彼得·德鲁克. 创新与企业家精神 [M]. 北京：机械工业出版社，2007.

[15] 威廉·德雷谢维奇. 优秀的绵羊 [M]. 北京：九州出版社，2016.

[16] 欧阳逸. 点状思维—线状思维—面状思维—网状思维 [EB/OL]. http://www. 360doc. com/content/11/0104/18/460866_83945883. shtml.

[17] 布鲁克·诺埃尔·摩尔，理查德·帕克. 批判性思维 [M]. 北京：机械工业出版社，2020.

[18] 爱德华·德博诺. 六项思考帽 [M]. 北京：中信出版社，2016.

[19] 罗振宇. 罗辑思维：拒绝逃离北上广 见识决定命运 [EB/OL]. https://v. youku. com/v_show/id_XNDk0MDU3NzIw. html.

[20] 罗伯特·清崎，莎伦·莱希特. 财务自由之路 [M]. 成都：四川人民出版社，

2017.

[21] W. 钱·金，勒妮·莫博涅. 蓝海战略 [M]. 北京：商务印书馆，2005.

[22] 万维钢. 科学思考者 [M]. 北京：新星出版社，2021.

[23] 中华人民共和国国民经济和社会发展第十四个五年规划和 2035 年远景目标纲要 [R] 北京：人民出版社，2021.

[24] 中共中央国务院关于深化改革加强食品安全工作的意见 [R]. 北京：人民出版社，2019.

[25] 罗伯特·清崎，莎伦·莱希特. 富爸爸投资指南 [M]. 海口：南海出版公司，2009.

[26] 王卓，吴蕊. 做一名生活的观察者，并行动起来. 网上创业——基于初创企业的精益创业指导 [M]. 上海：华东师范大学出版社，2015.

[27] B 座 12 楼. 2014 传统企业将如何"弯道超车"[EB/OL]. https://www.sohu.com/a/13980432_115748.

[28] 中国大庆油田的设备是哪个国家提供的. 商务谈判前的准备 [EB/OL]. https://www.docin.com/p-747835226.html.

[29] 习近平主持中共中央政治局第十次集体学习并讲话 [EB/OL]. http://www.gov.cn/xinwen/2018-11/26/content_5343441.htm? cid=303.

[30] 段念. 谈谈 Facebook 的新兵训练营 [EB/OL]. http://www.cyzone.cn/a/20131231/248210.html.

[31] 创业邦. 那些创业大拿们管人用人的经验之谈 [EB/OL]. http://www.cyzone.cn/a/20131225/248044.html.

[32] VERNE HARNISH. 如何逃离现金流濒临断裂的险境 [EB/OL]. http://www.fortunechina.com/management/c/2013-12/25/content_188759.htm.

[33] 罗莎贝斯·莫斯·坎特. 毁掉企业和员工的五大杀手 [EB/OL]. http://www.wabei.cn/news/201311/1080179.html.

[34] 侯文华. 大学生创新创业教育教程 [M]. 北京：科学出版社，2012.

[35] 刘万韬. 大学生创新与创业教程 [M]. 天津：南开大学出版社，2013.

[36] 程武，张旭东，项中. 大学生创业指导教程 [M]. 北京：中国传媒大学出版社，2015.

[37] 刘振平. 大学生职业生涯指导与创业基础 [M]. 上海：上海交通大学出版社，2015.

[38] 田雲娴. 轻创业故事、逻辑与方法 [M]. 北京：北京联合出版公司，2017.

[39] 刘云兵，王艳林. 大学生创新创业教程 [M]. 北京：人民邮电出版社，2017.

[40] 黄明睿. 创新与创业基础 [M]. 北京：高等教育出版社，2018.

[41] 赵金来，董明冉. 大学生创新创业教育 [M]. 北京：首都师范大学出版社，2019.

[42] 徐俊祥. 大学生创业基础知能训练教程 [M]. 北京：现代教育出版社，2014.

[43] 路演.百度百科.https://baike.baidu.com/item/%E8%B7%AF%E6%BC%94/267504?fr=aladdin

[44] 刘亿舟.商业计划书——战略思考的工具 [EB/OL]. https://mp.weixin.qq.com/s/bYk2YNMYo7Q7j5Wz2E12-g.

[45] 刘志阳，赵陈芳，杨俊.中国创业学：学科、学术和话语体系.外国经济与管理 [J]. 2021（12）：51-67.

[46] 斯图尔特·瑞德，萨阿斯·萨阿斯瓦斯，等.卓有成效的创业 [M].北京：北京师范大学出版社，2015.

[47] 百度百家号：素弦读书品历史.感动中国人物，盲人医师朱丽华：哪怕是流星，也要把光留在人间 [EB/OL]. https://baijiahao.baidu.com/s?id=1712121146548151481&wfr=spider&for=pc，2021.09.28.

[48] 王洪才，郑雅倩.创新创业教育的哲学假设与实践意蕴 [J].高校教育管理，2020，14（6）：34-40.

[49] 南方日报评论员.惟创新者进 惟创新者强 惟创新者胜 [N].南方日报，2016-02-17.